文旅融合：
理论探索与浙江产业发展实践

潘丽丽 著

浙江工商大学出版社
ZHEJIANG GONGSHANG UNIVERSITY PRESS
·杭州·

图书在版编目(CIP)数据

文旅融合：理论探索与浙江产业发展实践 / 潘丽丽
著. — 杭州：浙江工商大学出版社，2021.3(2025.1 重印)
ISBN 978-7-5178-4316-0

Ⅰ. ①文… Ⅱ. ①潘… Ⅲ. ①地方旅游业－产业融合
－文化产业－产业发展－研究－浙江 Ⅳ. ①F592.755
②G127.55

中国版本图书馆 CIP 数据核字(2021)第 025391 号

文旅融合：理论探索与浙江产业发展实践

WENLV RONGHE：LILUN TANSUO YU ZHEJIANG CHANYE FAZHAN SHIJIAN

潘丽丽 著

责任编辑	谭娟娟
封面设计	林朦朦
责任印制	祝希茜
出版发行	浙江工商大学出版社
	(杭州市教工路 198 号　邮政编码 310012)
	(E-mail：zjgsupress@163.com)
	(网址：http://www.zjgsupress.com)
	电话：0571－88904980,88831806(传真)
排　　版	杭州朝曦图文设计有限公司
印　　刷	杭州高腾印务有限公司
开　　本	710mm×1000mm　1/16
印　　张	13.75
字　　数	217 千
版 印 次	2021 年 3 月第 1 版　2025 年 1 月第 2 次印刷
书　　号	ISBN 978-7-5178-4316-0
定　　价	47.00 元

序

文化是旅游之魂，旅游是文化之窗，文化和旅游相辅相成。文旅融合体现了旅游业发展的过程，体现了旅游需求的演变特性，同时也是旅游地域空间发展的驱动因素。

全书从理论上对文旅融合进行探索，从实践上解析浙江省文旅融合发展过程，共分为四个部分。

第一部分：文旅融合理论探索。文旅融合的实践发展早于理论探索。文化和旅游的本质属性导致了两者具备融合的条件：文化是旅游发展的基础，旅游活动对文化具有发扬和保护的作用。本书在分析文化和旅游产业特性的基础上，阐述了文旅融合的内涵及其演变过程，提出文旅融合具有明显的阶段性，在内容上表现为"资源融合—产业融合—地域融合"，在空间上呈现"点—面"的发展过程。文旅融合的初级阶段表现为资源融合，以"文化＋旅游"为主要形式，主要内容为将典型的地方文化作为旅游资源开发成文化旅游产品和文化旅游景区，空间上呈现"点"式旅游景区的发展形态，形成以文化遗产地、古城、古镇、历史街区、民俗街区等为典型的文化旅游区；文旅融合的发展阶段表现为产业融合，以"文化产业＋旅游产业"为主要形式，文化产业和旅游产业形成耦合型产业系统，促使产生或创造新的文旅产业形态，形成文化和旅游复合型产品；文旅融合的提升阶段表现为文化和旅游在地域上的整体发展，以"文化＋旅游区域"为主要形式，以文化为主题和内涵的综合型旅游目的地的发展，空间上呈现"面"状文旅地域的发展。

第二部分：浙江省影视产业与旅游产业融合实践。 文旅资源融合具有普遍的"点"状分布特征，各地特色文化旅游资源均可以作为文化旅游产品进行开发。 产业融合需要有一定的产业基础条件。 在文化产业和旅游产业融合发展过程中，影视业与旅游业关系密切，成为文旅产业融合的先锋。 影视拍摄事件、影视产品对拍摄地旅游形象的形成和宣传具有重要的作用，影视主题也可以形成系列专题旅游产品。 外景地借助影视拍摄事件发展旅游业，同时丰富产品体系，进而形成影视驱动型主题旅游地域。 但是影视产业和文化产业也存在一定的矛盾，如影视拍摄的神秘性与游客活动的参与性、影视影响的时段性与旅游业的可持续性、外景利用的重复性与旅游形象的固定性等。 影视产业和旅游产业融合的关键策略在于发展主题旅游产品，适时营销，协调利益，发展多样化产品等。 本书在理论上分析了影视产业和旅游产业融合的基础、矛盾、关键策略，在此基础上解析了浙江省横店影视城的发展历程，分析了横店影视城的起步与发展、中期困惑及提升与转型策略；阐述了横店影视城由影视拍摄事件，到影视产业和旅游业的融合发展，再到影视名城、休闲小镇的建设发展历程，逐步实现"事件驱动—产业融合—地域融合"的发展路径。

第三部分：浙江省动漫产业与旅游产业融合实践。 动漫产业与影视产业有一定的从属关系，也与旅游活动关系密切，但动漫与旅游的相关性及其与影视的表现不同。 动漫产业为旅游业提供了形象基础，提供了旅游吸引物的载体，也可以通过动漫事件旅游的形式带动旅游目的地的发展。 动漫产业与旅游产业实现良性融合发展必须从两大产业之间的紧密联系入手，大力发展体现两者本质特性的耦合型产品。 在动漫主题公园、动漫主题游乐产品、动漫事件旅游等典型结合型产品的基础上，若要实现两大产业的良性融合，必须从产品主题、产品内容、联动机制、受众、实施途径等方面入手。 浙江省动漫产业实现了产业、事件旅游并重向融合型产业园区、动漫旅游区域化的发展。 本书分析了杭州市动漫产业和旅游业的融合发展过程。 杭州动漫产业和旅游业融合发展以事件旅游为起点，通过动漫节庆事件开展文旅融合，进而实现文旅融合发展。 本书分析了中国国际动漫节举办的过程、存在的问题和提升策略。 经过历届中国国际动漫节的举办，杭州动漫产业和旅游产业融合的产品逐渐增多，旅游化、地域化发展趋势明显，逐步由产业融合向地域融合方向转变。

第四部分：浙江省文旅地域化发展实践。 文旅融合的高级阶段是打造文化主题旅游地域，资源融合、产业融合的后期阶段是地域主题文化的诞生，形成文旅融合型发展地域。 它也可以通过规划手段进行高端设计，将具有一定条件的地域发展成为文化主题地域。 本书以浙江省特色文旅小镇发展实践为例，分析文旅地域化发展过程。 在浙江省特色小镇建设背景下，文旅小镇发展快速，"小镇模式"促进了文旅产业的进一步融合发展。 其创新发展经验体现在制度保障、文化挖掘、机制运作等方面。

本书的写作历经十余年的时间。 关注文化和旅游的融合始于 2003 年。笔者在中山大学保继刚教授门下攻读博士学位，跟随保教授对浙江省主题公园发展进行研究时，关注到了横店影视城，对横店影视城进行了多次现场考察。 当时的着眼点在于影视旅游，针对影视旅游展开了文献检索和研究，还记得与文献作者 S. Beaton 通过邮件探讨过影视旅游的研究，还获得了其尚未出版书稿的相关章节，甚至拟将影视旅游作为博士学位论文的研究主题。 最后由于没有考虑成熟，仅以横店和新昌为案例于《经济地理》发表了文章《影视拍摄对外景地旅游发展的影响分析——以浙江新昌、横店为例》。 但是，我对于影视旅游的研究没有停止。 2005—2007 年，在浙江大学工商管理博士后流动站工作期间，课题"浙江省影视旅游发展现状与问题研究"获得浙江省教育厅立项资助，课题"浙江省文化产业与旅游产业良性耦合模式与发展对策研究"获得浙江省哲学和社会科学文化工程项目立项资助，笔者的关注点由单纯影视旅游转向文化产业和旅游业的融合发展。 在完成项目研究的过程中，笔者对浙江省影视产业、动漫产业、茶文化产业等典型的文化产业进行深入研究，分析了其与旅游产业融合发展过程中的理论与现实问题，即本书中针对影视产业、动漫产业与旅游业互动的理论分析，以及横店影视城、中国国际动漫节案例解析时的问题分析部分。 这些内容在文旅产业融合研究中具有一定的前沿性，较早地探索了文化产业和旅游业融合发展中的基础与问题。

此后的十年，是文旅融合快速发展的十年，本书的案例发生了明显的变化，也衍生出了新的问题和现象。 2019 年，借浙江工商大学对有价值的学术成果进行出版资助的契机，本书获得了出版资助。 笔者对本书涉及的横店影视城、中国国际动漫节进行补充调查，同时展开对浙江省文化产业和旅游产业融合发展的理论思索。 经过研究发现，浙江省的影视产业、动漫产业在与旅游产业融合发展的过程中不约而同地表现出了"地域化"的转变：横店影视城向"影视名城""休闲小镇"的建设目标迈进，中国国际动漫节已经由事件旅游转向为动漫主题地域。 浙江省各种主题的特色小镇，涉及各行各业，走在了地域发展的前沿，其发展的精髓在于文化主题地域的建设。 浙江省的发展实践表明了文旅融合的地域化表现。 由此，笔者针对文旅融合的发展阶段进行了理论提升，提出了文旅融合的阶段性特征，即表现为"资源—产业—地域"的时间空间演变过程，阐释了文旅资源融合的广域性、产业融合的选择性、地域融合的前沿性。 本书以浙江省实践发展推演文旅融合的演进，理论探索与实践相结合，基于动态视角阐释文旅融合，对理论和实践发展具有重要的价值。

潘丽丽

2020 年 5 月于杭州

C目录
ontents

第一部分　文旅融合理论探索

第一章　文化与文化产业

一、文化的概念与内涵

（一）文化的概念

"观乎天文，以察时变；观乎人文，以化成天下。"《易经》中对于文化如此描述，"文化"即由其中的"人文化成"得来。这里的"文化"是"以文教化"的意思，即通过观察人类社会，使天下之人都能遵从文明礼仪，行为举止得当（李海晶，2016）。在我国，"文化"一词最早出现于西汉刘向的《说苑·指武》："圣人之治天下也，先文德而后武力。凡武之兴，为不服也；文化不改，然后加诛。"（孙安民，2005）。这里"文化"的含义可以理解为"文治教化"。也就是说，古汉语中的"文化"是指以伦理道德教导世人，使人"发乎情止乎于礼"（王威孚等，2006）。我国学术界对文化的定义，一方面是借鉴西方学术界的定义，另一方面是根据中国社会发展的自身情况进行定义。例如《辞海》分别从广义和狭义两个角度对文化概念做出了界定：广义指人类在社会实践过程中所获得的物质、精神的生产能力和创造的物质、精神财富的总和。 狭义指精神生产能力和精神产品，包括一切社会意识形态：自然科学、技术科学、社会意识形态。 有时又专指教育、科学、文学、艺术、卫生、体育等方面的知识与设施（赵绪生，2015）。 很明显，文化广义的定义注重人与动物、社会与自然的本质区别，狭义的定义指与人类社会经济基础相对应的精神文化。 此外，我国学者受西方学术界的影响，从符号学的角度定义文化，如童庆炳在《文学理论要略》里将文化定义为人类符号创造活动及其符号产品的总称，凝聚着人类的信念、情感、价值、意义或理想追求（童庆炳，2001）。

在西方，"文化"一词源于拉丁语 *Cultura*，文化原本是指与自然存在的东西相对的人造自然物，原意为对土地的耕耘和对植物的栽培，后引申为对人的身体和精神两方面的培育。 "文化"的科学概念，到了 18 世纪启蒙时代才真正产生出来。 1790 年，德国著名的哲学家康德在其著作《判断力批判》中指出，文化是人作为有理性的实体为了一定的目的而进行的有效的创造。康德认为人是自然的最终目的，文化则是这一最终目的存在于人身上的一种形式的、主观的条件，"在一个有理性的存在者里面，产生一种达到任何自行抉择的目的的能力，因而产生一种使一个存在者自由地抉择其目的之能力的就是文化"（转引自郭齐勇，2014）。 19 世纪，文化人类学兴起，人们对文化现象的认识有了新的突破。 英国的"人类学之父"泰勒在其 1871 年出版的《原始文化》中，给出了近代科学的文化定义："文化，或文明，就其广泛的民族学意义来说，是包括全部的知识、信仰、艺术、道德、法律、风俗以及作为社会成员的人所掌握和接受的任何其他才能和习惯的复合体。"该定义侧重文化中的"软件"，强调文化多样性的统一，即知识、习俗、才能的复合体（Tylor，1985）。 这种理解影响了当时和后来的许多社会科学家，被认为是从文化学学科角度定义文化的开始。 英国文化人类学家马林诺夫斯基在《文化论》中提出，文化包括物质、精神、语言和社会组织四个方面，这些方面组成了不可分割的整体（转引自郭齐勇，2014）。 这一定义具有深远影响，曾是苏联和中国对文化的主流定义。 此后，学者们从各个不同领域、不同角度对文化这一种综合体进行了详细的研究，但并没有形成统一的概念。 美国文化语言学的奠基人萨丕尔从历史角度将文化定义为被民族学家和文化史学家用来表达在人类生活中任何通过社会遗传下来的东西，包括物质和精神两个方面（郭莲，2002）。罗海姆从心理学角度出发，认为文化是所有升华作用、替代物或反应形成物的总和（转引自李芳，2006）。社会学家埃米尔·迪尔凯姆把文化看作社会事实，就是由社会全体人员在反复感觉和思考中作为一种制度固定下来的东西（胡伟，1999）。从社会学角度对文化概念的理解比较接近于马克思、恩格斯提出的"意识形态"性质的揭示。

随着符号观点的引入，人们开始从符号学的角度理解文化。如学者克罗伯和克鲁克洪认为文化是通过符号而获得，并通过符号而传播的行为模型；其符号也像人工制品一样体现了人类的成就；在历史上形成和选择的传统思想，特别是其所代表的价值观念，是文化的核心；文化系统一方面可以看作是行动的产物，另一方面又是进一步行动的制约因素（转引自王恩涌，2000）。马克思主义经典作家恩格斯1876年提出文化起源观，并指出文化作为意识形态，借助于意识和语言而存在，文化是人类特有的现象和符号系统（王威孚等，2006）。美国新进化论学派的代表人物怀特也提出文化符号论，即文化以符号为特征，文化是一个由技术体系、社会体系和观念体系构成的自成一体的现象领域，他认为正是有了符号，文化才有可能永存不朽（沈原等，1988）。从符号学的角度理解文化的概念是对文化理解的重大突破。此后，英国学者雷蒙·威廉斯从不同角度对文化问题进行了更为深入的思考并概括出三种界定方式：第一种是思想的文化定义，即文化是人类完善的一种状态或过程，这一文化定义主要指向最优秀的思想和艺术经典；第二种是文献式的文化定义，即文化是知性和想象作品的整体；第三种是文化的"社会"定义，即文化是一种整体的生活方式，该定义奠定了文化研究的理论基础（邹赞，2008）。其中提到的"文化及生活方式"与以往概念大不相同，将文化概念的界定推至更深远的境界。"文化研究之父"斯图亚特·霍尔对威廉斯将文化定义为"一种整体的生活方式"给予了高度肯定，并在此基础上从文化作用角度拓展了文化的内涵；霍尔总结出在传统的定义中，文化用来象征经典的文学、绘画、音乐及哲学作品；现代定义中文化用以指通俗音乐、出版、艺术、设计及文学，或指那些大多数人日常的休闲娱乐活动；人类学意义上，"文化"被用来指某一社区、社会集团、民族和国家"生活方式"的与众不同之处；在文化社会领域，文化涉及一个集团或社会的成员间的意义生产和交换，即"共享的意义"（徐亮等，2003）。

联合国教科文组织为了收集各国文化统计数据，对文化及其产业也进行了界定。《文化统计框架—2009》将文化定义为"某一社会或社会群体所具有的一整套独特的精神、物质、智力和情感特征，除了艺术和文学以外，还包括生活方式、聚居方式、价值体系、传统信仰"。

可见，文化是与自然相对的概念范畴，其内涵丰富，包括了人类生活发展过程中融入人类精神的物质和非物质要素，是人类发展的结果，也是人类发展的象征和表达形式。

（二）文化结构与内容

文化是一个多重复合系统，其结构具有复杂的层次性、稳定性和等级性。文化的内涵丰富，包含社会生活的方方面面。 文化结构从不同的角度有不同的划分，如二分法：将文化分为物质文化与精神文化、实体文化与观念文化、有形文化与无形文化、外显文化与内隐文化等；三分法：将文化分为物质文化、制度文化与精神文化；四分法则把文化分为物质、制度、行为习惯、思想与价值（王晓鹏，2017）。 目前，根据大多数学者意见，普遍使用文化结构三分法。 英国文化人类学家马林诺夫斯基提出著名的"文化三因子"说，将文化结构分为物质、社会组织与精神生活三个层次。 我国学者多采用此划分方法（费孝通，1987；张英，1994；钱穆，2012；王晓鹏，2017）。 根据文化结构三分法的划分，在文化整体的系统中，物质文化是文化的基础和前提，制度文化是文化的调节和保障，精神文化是文化的核心和根本。

1. 物质文化

物质文化是人类为了生活、生存等需要所创造出的物质产品中表达出来的文化，是外显的、最易被感知的文化要素。 既包括具体的器物以及这些器物的生产、工艺和技术，又包括器物中体现出的人们的精神、欲望、智慧、趣味爱好等。 人类创造物质财富的总和、文化整体演进的基础构成了物质文化的内涵。 物质文化是人类文化展示的重要载体，在服饰、饮食、居住、交通等方面表现得最为典型。

（1）服饰文化

服饰是一种典型的物质文化载体，是在不同的地理环境下人类文化的体现形式。 服饰是人类精神创造和物质创造的聚合体，以一定的文化符号形式出现，服饰文化是在对服饰材料加工过程中所产生的相关的价值特性、风俗礼仪、伦理生活等，服饰及服饰所反映的文化观念共同构筑人类有关伦理及审美的生活内容（姜建辉，2015）。 而且服饰文化具有地域文化和时代文化的双重特点，充分展现一个地区文化的物质形态，随着地域的变化和时代的变化具有明显的变迁性。

（2）饮食文化

饮食文化是指食物原料开发利用、食品制作和饮食消费过程中的技术、科学、艺术，以及以饮食为基础的习俗、传统、思想和哲学，即由人们食生产和食生活的方式、过程等结构组合而成的全部食事的总和（赵荣光，2008）。饮食文化同样带有地域特征，是一定地域内人类社会发展过程中形成的体现典型物质文化的表现。 饮食文化具有时代传承性。 饮食作为一种文化习惯，地域性的饮食特征在代与代之间传播扩散，变化相对缓慢。 但是随着社会的进步，饮食对于人们来说不再是单纯地为了满足生活的需要，而是成为人们享受生活、寻求乐趣的一个重要方面，在这样一种推动力的作用下，饮食制作工艺不断发展，形成了花样百出的菜肴珍品、风味独到的烹饪技术；同时也形成了各自相应的饮食习惯、饮食观念以及礼仪制度，这些成为饮食文化内涵的生动写照（胡梦楠，2014）。

（3）居住文化

在居住历史发展的过程中，人们在一定的居住环境基础上逐渐形成的居住形态，其本质上反映了特定时期的经济、政治、文化生活背景与社会的互动关系（汪碧刚，2016）。 具体包括住宅建筑倾向、环境营造以及居住的风俗习性、居住质量等，表现在居住区位的选择、居住区位的规划、住宅的造型和功能分区、室内装饰、物业管理和社区文化等诸多方面（秦云，2004）。 居住文化具有明显的地域属性和时代属性，不同的地域空间居住文化差异明显，时代的变革也会导致居住文化内容的变化，但是居住文化的变化所需的时间较长，改变成本较高，变迁具有明显的时代指向。

（4）交通文化

交通文化体现在交通器物文化和交通理念文化两方面，其中交通器物文化属于物质文化的范畴，包括交通方式、工具、道路等方面的物质实体。 交通文化同样是展现人类社会发展的文化要素，不同时代、不同空间地域的交通器物差异明显。 同时，具有地方特色的交通器物也具有明显的文化含义。

2. 制度文化

制度文化强调文化的社会调节功能，反映个人与他人、个体与群体之间的关系。 这种关系表现为各种各样的制度，如政治、经济、军事、教育、婚姻等制度以及实施这些制度的组织机构。 人们在参与社会活动的过程中，为了调节人与人之间各种关系，逐渐形成规范有关行为的准则，这种准则就成为制度。 制度一旦形成，便成为人们正确行为的依据，并具有强制性和权威性，而且对物质文化和精神文化有重要的制约作用和影响（王恩涌，2000）。制度文化包括三个层面：一是传统、习惯、经验与知识积累形成的制度文化的基本层面，反映着价值观念、道德伦理、风俗习惯等文化因素；二是由理性设计和建构的制度文化的高级层面，反映着一个社区、一个社会、一个国家的正式制度；三是包括机构、组织、设备等的实施机制层面（曾小华，2001）。制度文化既是精神文化的产物，又是物质文化的工具，其特点表现为强制性和权威性。 制度变迁一般表现为缓慢的、递增的和持续的变化，如社会规则、价值观等的变化。 制度文化与社会经济发展具有高度相关性，也和地域、时代有关系。

3. 精神文化

精神文化是文化的核心层，是人类在社会实践和意识活动中长期培育出来的价值观念、思维方式、道德情操、审美趣味、宗教情感、民族性格、文化信念、文化情趣等。 精神文化是人类在改造自然和创造社会过程中的思维活动和精神活动，是人类的文化心态在观念形态上的反映，是文化整体的核心部分。 精神文化是人类在文化基础上产生的各种意识观念形态的集合，对物质文化、制度文化的发展有着巨大的制约作用。

精神文化的结构可分为意识形态文化和社会心理文化。 意识形态文化是指经过系统加工的社会意识，包括政治理论、法权观念等基础意识形态和哲学、宗教、文学、艺术等更具观念特征的意识形态。 社会心理文化是指某一形态、某一地域、某一民族、某一社会形态下长期形成的集体文化心理结构，特别表现为思维方式、价值取向、伦理观念、宗教情感和审美情趣的不同。

精神文化是人类意识形态的反映，相对于物质文化而独立存在，因而具有相对独立性。 精神文化由于内化于人的心理，长久地存在于民族文化的深层，具有固定性，所以难以发生改变。

二、文化产业的概念与类型

（一）文化产业的概念

文化产业概念的最早提出可以追溯到 20 世纪 40 年代，法兰克福学派理论家最早注意到了艺术创作在资本主义生产条件下可以转变为大量复制的文化生产。 阿多诺、霍克海默把由传播媒介的技术化和商品化推动的主要面向大众消费的文化生产称为"文化工业"（Culture Industry）（阿多诺和霍克海默，1990）。 文化工业可以看成文化产业发展的初级阶段。 "文化工业"一词问世 30 年后，美国哈佛大学学者丹尼尔·贝尔在《后工业社会的来临》一书中提出了"文化产业"的概念，书中非常明确地将文化生产和消费、市场连接起来，揭示了文化与产业的相互作用规律，指出文化满足市场的趣味性、精致性需求，市场发挥了对文化发展的推动作用（李冬、陈红兵，2005）。文化产业的兴起与发展是当代社会经济、政治、文化融合发展在产业层面的具体表现。 20 世纪 80 年代以来，文化产业在信息技术的推动下，日益呈现出规模不断扩大、内涵日趋丰富的发展趋势（荣跃明，2005），但是对于文化产业的概念界定还缺乏一致性的认识。 日本学者日下公人认为，文化产业的定义应该是创造某种文化、销售这种文化和文化符号。 他还指出创造文化需要 5 个基本条件，即雄厚的经济实力、国民文化水平的普遍提高、悠久的文化历史传承、提供大量的反思机会、为文化商品化服务的多种高级加工产业的存在（日下公人，1989）。 联合国教科文组织将文化产业界定为"按照工业标准生产、再生产、储存以及分配文化产品和服务的一系列活动"。 也有学者从创意产业角度界定文化产业，认为文化产业可以被理解为向消费者提供精神产品或服务的行业（李冬、陈红兵，2005）。 《中华人民共和国国民经济和社会发展第十个五年计划纲要》中将文化产业界定为文化部门所管理和指导的从事文化产品生产和提供文化服务的经营性行业。

中国国家统计局于 2004 年发布《文化及相关产业分类》，给出了文化及相关产业的界定："文化及相关产业是指为社会公众提供文化、娱乐产品和服务的活动，以及与这些活动有关联的活动的集合。"具体包括文化产品制作和销售活动、文化传播服务、文化休闲娱乐服务、文化用品生产和销售活动、文化设备生产和销售活动、相关文化产品制作和销售活动。 2012 年国家统计局发布修改过的《文化及相关产业分类》，将文化及相关产业界定为为社会公众提供文化产品和文化相关产品的生产活动的集合，其范围包括：①以文化为核心内容，为直接满足人们的精神需要而进行的创作、制造、传播、展示等文化产品（包括货物和服务）的生产活动；②为实现文化产品生产所必需的辅助生产活动；③作为文化产品实物载体或制作（使用、传播、展示）工具的文化用品的生产活动（包括制造和销售）；④为实现文化产品生产所需专用设备的生产活动（包括制造和销售）。 2018 年，中国国家统计局颁布《文化及相关产业分类》的修订版本，提出的文化及相关产业的最新界定是为社会公众提供文化产品和文化相关产品的生产活动的集合，其范围包括：①以文化为核心内容，为直接满足人们的精神需要而进行的创作、制造、传播、展示等文化产品（包括货物和服务）的生产活动。 具体包括新闻信息服务、内容创作生产、创意设计服务、文化传播渠道、文化投资运营和文化娱乐休闲服务等活动；②为实现文化产品的生产活动所需的文化辅助生产和中介服务、文化装备生产和文化消费终端生产（包括制造和销售）等活动。

可见，文化产业是为社会公众提供文化产品的生产活动，其内涵随着社会经济的发展而不断变化。

（二）文化产业的类型

由于文化产业内涵的不断演化，我们对其的认识还没有达成一致，对于文化产业类型的划分也存在一定的分歧。例如，从创意产业角度对文化产业进行界定，其主要类型包括文学艺术业、广播影视业、新闻出版业、音像制品业、旅游娱乐业、教育信息业、策划展览业、体育竞技业等（李冬、陈红兵，2005）。联合国教科文组织《文化统计框架—2009》用文化周期的概念来体现文化生产和文化活动的流程，形成"创造、生产、传播、展览/接受/传递、消费/参与"五个阶段的循环；用文化领域、相关领域和横向领域的层级模型来体现文化生产和文化活动的类别，其中文化领域包括文化和自然遗产、表演和庆祝活动、视觉艺术和手工艺、书籍和报刊、音像和交互媒体、设计和创意服务等 6 个类别；相关领域包括旅游业、体育和娱乐业；而非物质文化遗产、存档和保护、教育和培训、装备和辅助材料等 4 个方面的活动与上述所有领域有关联，因此将它们定义为横向领域。

中国国家统计局于 2004 发布《文化及相关产业分类》，并于 2012 年、2018 年颁布修订版，用以对文化产业进行统计分析。

1.《文化及相关产业分类》（2004）

2004 年，为贯彻落实党的十六大关于文化建设和文化体制改革的要求，建立科学可行的文化产业统计体系，规范文化及相关产业的范围，中国国家统计局在与中共中央委员会宣传部及国务院有关部门共同研究的基础上，依据《国民经济行业分类》（GB/T4754—2002），制定了《文化及相关产业分类》，并将其作为国家统计标准颁布实施。中国国家统计局发布《文化及相关产业分类》（国统字〔2004〕24 号），将文化及其相关产业按照四个层次分成两大部分、9 个大类、24 个中类和 80 个小类（见表 1-1）。具体分类情况如下：

第一层按照文化活动的重要性分为文化服务和相关文化服务两大部分，分别用第一部分、第二部分表示。

第二层根据部门管理需要和文化活动的特点分为 9 个大类，用汉字数字表示。

第三层依照产业链和上下层分类的关系分为 24 个中类,用阿拉伯数字
表示。

第四层共有 80 个小类,它是第三层所包括的行业类别层,也是文化及相
关产业的具体活动类别。该层不设顺序号,在右侧设置代码,为对应的"国
民经济行业代码"。

表 1-1　《文化及相关产业分类》(2004)

类别名称	国民经济行业代码
第一部分　　文化服务	
一、新闻服务	
1.新闻服务	
新闻业	8810
二、出版发行和版权服务	
1.书、报、刊出版发行	
(1)书、报、刊出版	
图书出版	8821
报纸出版	8822
期刊出版	8823
其他出版	8829
(2)书、报、刊制作	
书、报、刊印刷	2311
包装装潢及其他印刷*	2319
(3)书、报、刊发行	
图书批发	6343
图书零售	6543
报刊批发	6344
报刊零售	6544
2.音像及电子出版物出版发行	
(1)音像制品出版和制作	

类别名称	国民经济行业代码
音像制品出版	8824
音像制作	8940
(2)电子出版物出版和制作	
电子出版物出版	8825
—电子出版物出版	
—电子出版物制作	
(3)音像及电子出版物复制	
记录媒介的复制*	2330
—音像制品复制	
—电子出版物复制	
(4)音像及电子出版物发行	
音像制品及电子出版物批发	6345
音像制品及电子出版物零售	6545
3.版权服务	
知识产权服务*	7450
—版权服务	
三、广播、电视、电影服务	
1.广播、电视服务	
广播	8910
—广播电台	
—其他广播服务	
电视	8920
—电视台	
—其他电视服务	
2.广播、电视传输	
有线广播电视传输服务	6031
—有线广播、电视传输网络服务	
—有线广播、电视接收	

类别名称	国民经济行业代码
无线广播电视传输服务	6032
—无线广播、电视发射台、转播台	
—无线广播、电视接收	
卫星传输服务 *	6040
3.电影服务	
电影制作与发行	8931
—电影制片厂服务	
—电影制作	
—电影院线发行	
—其他电影发行	
电影放映	8932
—电影院、影剧院	
—其他电影放映	
四、文化艺术服务	
1.文艺创作、表演及演出场所	
文艺创作与表演	9010
—文艺创作服务	
—文艺表演服务	
—其他文艺服务	
艺术表演场馆	9020
2.文化保护和文化设施服务	
文物及文化保护	9040
—文物保护服务	
—文化遗产保护服务	
博物馆	9050
烈士陵园、纪念馆	9060
图书馆	9031
档案馆	9032

续　表

类别名称	国民经济行业代码
3. 群众文化服务	
群众文化活动	9070
—群众文化馆	
—其他群众文化活动	
4. 文化研究与文化社团服务	
社会人文科学研究	7550
专业性社会团体*	9621
—文化社会团体	
5. 其他文化艺术服务	
其他文化艺术	9090
五、网络文化服务	
1. 互联网信息服务	
互联网信息服务	6020
—互联网新闻服务	
—互联网出版服务	
—互联网电子公告服务	
—其他互联网信息服务	
六、文化休闲娱乐服务	
1. 旅游文化服务	
旅行社	7080
风景名胜区管理	8131
公园管理	8132
野生动植物保护*	8012
—动物观赏服务	
—植物观赏服务	
其他游览景区管理	8139
2. 娱乐文化服务	
室内娱乐活动	9210

续　表

类别名称	国民经济行业代码
游乐园	9220
休闲健身娱乐活动	9230
其他计算机服务 *	6190
—网吧服务	
其他娱乐活动	9290
七、其他文化服务	
1. 文化艺术商务代理服务	
文化艺术经纪代理	9080
其他未列明的商务服务 *	7499
—模特服务	
—演员、艺术家经纪代理服务	
—文化活动组织、策划服务	
2. 文化产品出租与拍卖服务	
图书及音像制品出租	7321
贸易经纪与代理 *	6380
—艺术品、收藏品拍卖服务	
3. 广告和会展文化服务	
广告业	7440
会议及展览服务	7491
第二部分　相关文化服务	
八、文化用品、设备及相关文化产品的生产	
1. 文化用品生产	
文化用品制造	241
乐器制造	243
玩具制造	2440
游艺器材及娱乐用品制造	245
机制纸及纸板制造 *	2221
手工纸制造 *	2222

续　表

类别名称	国民经济行业代码
信息化学品制造 *	2665
照相机及器材制造	4153
2.文化设备生产	
印刷专用设备制造	3642
广播电视设备制造	403
电影机械制造	4151
家用视听设备制造	407
复印和胶印设备制造	4154
其他文化、办公用机械制造 *	4159
3.相关文化产品生产	
工艺美术品制造	421
摄影扩印服务	8280
其他专业技术服务 *	7690
九、文化用品、设备及相关文化产品的销售	
1.文化用品销售	
文具用品批发	6341
文具用品零售	6541
其他文化用品批发	6349
其他文化用品零售	6549
2.文化设备销售	
通讯及广播电视设备批发 *	6376
照相器材零售	6548
家用电器批发 *	6374
家用电器零售 *	6571
3.相关文化产品销售	
首饰、工艺品及收藏品批发	6346
工艺美术品及收藏品零售	6547

资料来源:中国国家统计局关于印发《文化及相关产业分类》的通知(国统字〔2004〕24号)。

注:1.“＊”表示该行业类别仅有部分活动属于文化及相关产业。

　　2.类别前加横线“—”表示行业小类的延伸层。

《文化及相关产业分类》（2004）所划分的80个小类分别属于文化产业核心层、文化产业外围层和相关文化产业层三个板块：核心层包括了新闻服务、出版发行和版权服务、广播影视服务、文化艺术服务；外围层包括网络文化服务、文化休闲娱乐服务、其他文化服务；相关文化产业层包括文化用品、设备及相关文化产品的生产，以及文化用品、设备及相关文化产品的销售（见图1-1）（欧阳友权，2007）。

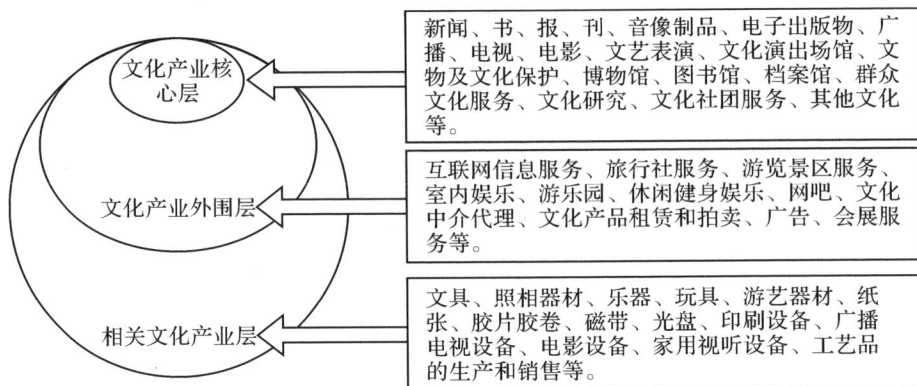

图 1-1 文化产业类属及其分层

资料来源：欧阳友权的《文化产业概论》，湖南人民出版社2007年版。

2.《文化及相关产业分类》(2012)

党的十七届五中全会提出推动文化产业成为国民经济支柱性产业的战略目标。党的十七届六中全会进一步强调推动文化产业跨越式发展，使之成为新的增长点、经济结构战略性调整的重要支点、转变经济发展方式的重要着力点，并对文化产业统计工作提出了新的要求。同时，由于新的《国民经济行业分类》（GB/T 4754—2011）的颁布实施，以及联合国教科文组织《文化统计框架—2009》的发布，文化新业态的不断涌现，有必要对2004年制定的《文化及相关产业分类》进行修订。修订在2004年制定的《文化及相关产业分类》的基础上进行，延续原有的分类原则和方法，调整了类别结构，增加了与文化生产活动相关的创意、新业态、软件设计服务等内容和部分行业小类，减少了部分不符合文化及相关产业定义的活动类别，将文化及其相关产业按照五个层次分成两大部分、10 个大类、50 个中类和 120 个小类（见表 1-2）。具体分类情况如下：

第一层包括文化产品的生产、文化相关产品的生产两部分，用"第一部分""第二部分"表示。 此分类与 2004 年不同，强调文化产品的生产。

第二层根据管理需要和文化生产活动的自身特点分为 10 个大类，用"一""二"……"十"表示。 合并原大类"新闻服务"和"出版发行和版权服务"为"新闻出版发行服务"一个大类，包含内容略有调整；保留"广播电视电影服务""文化艺术服务""网络文化服务""文化休闲娱乐服务"四个大类，包含内容有所调整。 其中，"网络文化服务"更名为"文化信息传输服务"；新增"文化创意和设计服务""工艺美术品的生产""文化产品生产的辅助生产"三个大类；取消原大类"其他文化服务"，将其中的"广告服务"移至新增的"文化创意和设计服务"大类中，其他内容移至新增的"文化产品生产的辅助生产"大类中；将原"文化用品、设备及相关文化产品的生产"和"文化用品、设备及相关文化产品的销售"两个大类修订为"文化用品的生产"和"文化专用设备的生产"两个大类。

第三层依照文化生产活动的相近性分为 50 个中类，在每个大类下分别用"（一）""（二）""（三）"等表示。

第四层共有 120 个小类，是文化及相关产业的具体活动类别，直接用《国民经济行业分类》（GB/T 4754—2011）相对应行业小类的名称和代码表示。对于含有部分文化生产活动的小类，在其名称后用"＊"标出。

第五层为带"＊"小类下设置的延伸层。 通过在类别名称前加"—"表示，不设代码和顺序号，其包含的活动内容在表 1-3 中加以说明。

与 2004 版本相比，新修订的版本增加了文化创意、文化新形态、软件设计服务、具有文化内涵的特色产品的生产、其他。 减少的内容包括旅行社、休闲健身娱乐活动、教学用模型及教具制造、其他文教办公用品制造、其他文化办公用机械制造和彩票活动等。 由于文化业态不断融合，文化新业态不断涌现，许多文化生产活动很难确定是属于核心层还是属于外围层，因此，此次修订不再保留三个层次的划分。

表 1-2　文化及相关产业的类别名称和行业代码(2012)

类别名称	国民经济行业代码
第一部分　文化产品的生产	
一、新闻出版发行服务	
（一）新闻服务	
新闻业	8510
（二）出版服务	
图书出版	8521
报纸出版	8522
期刊出版	8523
音像制品出版	8524
电子出版物出版	8525
其他出版业	8529
（三）发行服务	
图书批发	5143
报刊批发	5144
音像制品及电子出版物批发	5145
图书、报刊零售	5243
音像制品及电子出版物零售	5244
二、广播电视电影服务	
（一）广播电视服务	
广播	8610
电视	8620
（二）电影和影视录音服务	
电影和影视节目制作	8630
电影和影视节目发行	8640
电影放映	8650
录音制作	8660

续　表

类别名称	国民经济行业代码
三、文化艺术服务	
（一）文艺创作与表演服务	
文艺创作与表演	8710
艺术表演场馆	8720
（二）图书馆与档案馆服务	
图书馆	8731
档案馆	8732
（三）文化遗产保护服务	
文物及非物质文化遗产保护	8740
博物馆	8750
烈士陵园、纪念馆	8760
（四）群众文化服务	
群众文化活动	8770
（五）文化研究和社团服务	
社会人文科学研究	7350
专业性团体（的服务）*	9421
—学术理论社会团体的服务	
—文化团体的服务	
（六）文化艺术培训服务	
文化艺术培训	8293
其他未列明教育*	8299
—美术、舞蹈、音乐辅导服务	
（七）其他文化艺术服务	
其他文化艺术业	8790
四、文化信息传输服务	
（一）互联网信息服务	
互联网信息服务	6420

类别名称	国民经济行业代码
（二）增值电信服务（文化部分）	
其他电信服务*	6319
―增值电信服务（文化部分）	
（三）广播电视传输服务	
有线广播电视传输服务	6321
无线广播电视传输服务	6322
卫星传输服务*	6330
―传输、覆盖与接收服务	
―设计、安装、调试、测试、监测等服务	
五、文化创意和设计服务	
（一）广告服务	
广告业	7240
（二）文化软件服务	
软件开发*	6510
―多媒体、动漫游戏软件开发	
数字内容服务*	6591
―数字动漫、游戏设计制作	
（三）建筑设计服务	
工程勘察设计*	7482
―房屋建筑工程设计服务	
―室内装饰设计服务	
―风景园林工程专项设计服务	
（四）专业设计服务	
专业化设计服务	7491
六、文化休闲娱乐服务	
（一）景区游览服务	
公园管理	7851
游览景区管理	7852

续　表

类别名称	国民经济行业代码
野生动物保护*	7712
—动物园和海洋馆、水族馆管理服务	
野生植物保护*	7713
—植物园管理服务	
（二）娱乐休闲服务	
歌舞厅娱乐活动	8911
电子游艺厅娱乐活动	8912
网吧活动	8913
其他室内娱乐活动	8919
游乐园	8920
其他娱乐业	8990
（三）摄影扩印服务	
摄影扩印服务	7492
七、工艺美术品的生产	
（一）工艺美术品的制造	
雕塑工艺品制造	2431
金属工艺品制造	2432
漆器工艺品制造	2433
花画工艺品制造	2434
天然植物纤维编织工艺品制造	2435
抽纱刺绣工艺品制造	2436
地毯、挂毯制造	2437
珠宝首饰及有关物品制造	2438
其他工艺美术品制造	2439
（二）园林、陈设艺术及其他陶瓷制品的制造	
园林、陈设艺术及其他陶瓷制品制造*	3079
—陈设艺术陶瓷制品制造	

类别名称	国民经济行业代码
（三）工艺美术品的销售	
首饰、工艺品及收藏品批发	5146
珠宝首饰零售	5245
工艺美术品及收藏品零售	5246
第二部分　文化相关产品的生产	
八、文化产品生产的辅助生产	
（一）版权服务	
知识产权服务*	7250
—版权和文化软件服务	
（二）印刷复制服务	
书、报刊印刷	2311
本册印制	2312
包装装潢及其他印刷	2319
装订及印刷相关服务	2320
记录媒介复制	2330
（三）文化经纪代理服务	
文化娱乐经纪人	8941
其他文化艺术经纪代理	8949
（四）文化贸易代理与拍卖服务	
贸易代理*	5181
—文化贸易代理服务	
拍卖*	5182
—艺（美）术品、文物、古董、字画拍卖服务	
（五）文化出租服务	
娱乐及体育设备出租*	7121
—视频设备、照相器材和娱乐设备的出租服务	
图书出租	7122
音像制品出租	7123

续 表

类别名称	国民经济行业代码
(六)会展服务	
会议及展览服务	7292
(七)其他文化辅助生产	
其他未列明商务服务业 *	7299
—公司礼仪和模特服务	
—大型活动组织服务	
—票务服务	
九、文化用品的生产	
(一)办公用品的制造	
文具制造	2411
笔的制造	2412
墨水、墨汁制造	2414
(二)乐器的制造	
中乐器制造	2421
西乐器制造	2422
电子乐器制造	2423
其他乐器及零件制造	2429
(三)玩具的制造	
玩具制造	2450
(四)游艺器材及娱乐用品的制造	
露天游乐场所游乐设备制造	2461
游艺用品及室内游艺器材制造	2462
其他娱乐用品制造	2469
(五)视听设备的制造	
电视机制造	3951
音响设备制造	3952
影视录放设备制造	3953

类别名称	国民经济行业代码
（六）焰火、鞭炮产品的制造	
焰火、鞭炮产品制造	2672
（七）文化用纸的制造	
机制纸及纸板制造*	2221
—文化用机制纸及纸板制造	
手工纸制造	2222
（八）文化用油墨颜料的制造	
油墨及类似产品制造	2642
颜料制造*	2643
—文化用颜料制造	
（九）文化用化学品的制造	
信息化学品制造*	2664
—文化用信息化学品的制造	
（十）其他文化用品的制造	
照明灯具制造*	3872
—装饰用灯和影视舞台灯制造	
其他电子设备制造*	3990
—电子快译通、电子记事本、电子词典等制造	
（十一）文具乐器照相器材的销售	
文具用品批发	5141
文具用品零售	5241
乐器零售	5247
照相器材零售	5248
（十二）文化用家电的销售	
家用电器批发*	5137
—文化用家用电器批发	
家用视听设备零售	5271

续　表

类别名称	国民经济行业代码
（十三）其他文化用品的销售	
其他文化用品批发	5149
其他文化用品零售	5249
十、文化专用设备的生产	
（一）印刷专用设备的制造	
印刷专用设备制造	3542
（二）广播电视电影专用设备的制造	
广播电视节目制作及发射设备制造	3931
广播电视接收设备及器材制造	3932
应用电视设备及其他广播电视设备制造	3939
电影机械制造	3471
（三）其他文化专用设备的制造	
幻灯及投影设备制造	3472
照相机及器材制造	3473
复印和胶印设备制造	3474
（四）广播电视电影专用设备的批发	
通信及广播电视设备批发*	5178
—广播电视电影专用设备批发	
（五）舞台照明设备的批发	
电气设备批发*	5176
—舞台照明设备的批发	

表 1-3　对延伸层文化生产活动内容的说明（2012）

序号	类别名称及代码		文化生产活动的内容
	小类	延伸层	
1	专业性团体的服务（9421）	学术理论社会团体的服务	包括党的理论研究、史学研究、思想工作研究、社会人文科学研究等团体的服务
		文化团体的服务	包括新闻、图书、报刊、音像、版权、广播、电视、电影、演员、作家、文学艺术、美术家、摄影家、文物、博物馆、图书馆、文化馆、游乐园、公园、文艺理论研究、民族文化等团体的服务
2	其他未列明教育（8299）	美术、舞蹈、音乐辅导服务	包括美术、舞蹈和音乐等辅导服务
3	其他电信服务（6319）	增值电信服务（文化部分）	包括手机报、个性化铃声、网络广告等业务服务
4	卫星传输服务（6330）	传输、覆盖与接收服务	包括卫星广播电视信号的传输、覆盖与接收服务
		设计、安装、调试、测试、监测等服务	包括卫星广播电视传输、覆盖、接收系统的设计、安装、调试、测试、监测等服务
5	软件开发（6510）	多媒体、动漫游戏软件开发	包括应用软件开发及经营中的多媒体软件和动漫游戏软件开发及经营活动
6	数字内容服务（6591）	数字动漫、游戏设计制作	包括数字动漫制作和游戏设计制作等服务
7	工程勘察设计（7482）	房屋建筑工程设计服务	包括房屋（住宅、商业用房、公用事业用房、其他房屋）建筑工程设计服务
		室内装饰设计服务	包括住宅室内装饰设计服务和其他室内装饰设计服务
		风景园林工程专项设计服务	包括各类风景园林工程专项设计服务
8	野生动物保护（7712）	动物园和海洋馆、水族馆管理服务	包括动物园管理服务，放养动物园管理服务，鸟类动物园管理服务，海洋馆、水族馆管理服务
9	野生植物保护（7713）	植物园管理服务	包括各类植物园管理服务

续　表

序号	类别名称及代码		文化生产活动的内容
	小类	延伸层	
10	园林、陈设艺术及其他陶瓷制品制造（3079）	陈设艺术陶瓷制品制造	包括室内陈设艺术陶瓷制品、工艺陶瓷制品、陶瓷壁画、陶瓷制塑像和其他陈设艺术陶瓷制品的制造
11	知识产权服务（7250）	版权和文化软件服务	版权服务包括版权代理服务，版权鉴定服务，版权咨询服务，海外作品登记服务，涉外音像合同认证服务，著作权使用报酬收转服务，版权贸易服务和其他版权服务。文化软件服务指与文化有关的软件服务，包括软件代理、软件著作权登记、软件鉴定等服务
12	贸易代理（5181）	文化贸易代理服务	包括文化用品、图书、音像、文化用家用电器和广播电视器材等国际国内贸易代理服务
13	拍卖（5182）	艺（美）术品、文物、古董、字画拍卖服务	包括艺（美）术品拍卖服务，文物拍卖服务，古董、字画拍卖服务
14	娱乐及体育设备出租（7121）	视频设备、照相器材和娱乐设备的出租服务	包括视频设备出租服务，照相器材出租服务，娱乐设备出租服务
15	其他未列明商务服务业（7299）	公司礼仪和模特服务	公司礼仪服务包括开业典礼、庆典及其他重大活动的礼仪服务。模特服务包括服装模特、艺术模特和其他模特等服务
		大型活动组织服务	包括文艺晚会策划组织服务，大型庆典活动策划组织服务，艺术、模特大赛策划组织服务，艺术节、电影节等策划组织服务，民间活动策划组织服务，公益演出、展览等活动的策划组织服务，其他大型活动的策划组织服务
		票务服务	包括电影票务服务，文艺演出票务服务，展览、博览会票务服务
16	机制纸及纸板制造（2221）	文化用机制纸及纸板制造	包括未涂布印刷书写用纸制造，涂布类印刷用纸制造，感应纸及纸板制造
17	颜料制造（2643）	文化用颜料制造	包括水彩颜料、水粉颜料、油画颜料、国画颜料、调色料、其他艺术用颜料、美工塑型用膏等制造

序号	类别名称及代码		文化生产活动的内容
	小类	延伸层	
18	信息化学品制造（2664）	文化用信息化学品的制造	包括感光胶片的制造，摄影感光纸、纸板及纺织物制造，摄影用化学制剂、复印机用化学制剂制造，空白磁带、空白磁盘、空盘制造
19	照明灯具制造（3872）	装饰用灯和影视舞台灯制造	包括装饰用灯（圣诞树用成套灯具、其他装饰用灯）和影视舞台灯的制造
20	其他电子设备制造（3990）	电子快译通、电子记事本、电子词典等制造	包括电子快译通、电子记事本、电子词典等电子设备的制造
21	家用电器批发（5137）	文化用家用电器批发	包括电视机、摄录像设备、便携式收录放设备、音响设备等的批发
22	通信及广播电视设备批发（5178）	广播电视电影专用设备批发	包括广播设备、电视设备、电影设备、广播电视卫星设备等的批发
23	电气设备批发（5176）	舞台照明设备的批发	包括各类舞台照明设备的批发

资料来源：中国国家统计标准，《文化及相关产业分类》（2012）。

注：2004、2012 年的中国国家统计局分类标准有一定的差异，行业代码发生变化。

3.《文化及相关产业分类》(2018)

此次分类以《国民经济行业分类》（GB/T 4754—2017）为基础，根据文化生产活动的特点，将行业分类中相关的类别重新组合，是《国民经济行业分类》的派生分类。本分类采用线分类法和分层次编码方法，将文化及相关产业划分为三层，分别用阿拉伯数字编码表示（见表1-4）。第一层为大类，用2位数字表示，共有9个大类；第二层为中类，用3位数字表示，共有43个中类；第三层为小类，用4位数字表示，共有146个小类。本分类建立了与《国民经济行业分类》（GB/T 4754—2017）的对应关系。在本分类中，如国民经济某行业小类仅部分活动属于文化及相关产业，则在行业代码后加"＊"做标识，并对属于文化生产活动的内容进行说明；如国民经济某行业小类全部纳入文化及相关产业，则小类类别名称与行业类别名称完全一致（见表

1-5）。 本分类全部小类对应或包含在《国民经济行业分类》（GB/T 4754-2017）相应的行业小类中，具体范围和说明可参见《2017国民经济行业分类注释》。 本分类01—06大类属文化核心领域，07—09大类属文化相关领域。

表 1-4 《文化及相关产业分类》(2018)

代码			类别名称	行业分类代码
大类	中类	小类		
			文化核心领域	
01			新闻信息服务	
	011		新闻服务	
		0110	新闻业	8610
	012		报纸信息服务	
		0120	报纸出版	8622
	013		广播电视信息服务	
		0131	广播	8710
		0132	电视	8720
		0133	广播电视集成播控	8740
	014		互联网信息服务	
		0141	互联网搜索服务	6421
		0142	互联网其他信息服务	6429
02			内容创作生产	
	021		出版服务	
		0211	图书出版	8621
		0212	期刊出版	8623
		0213	音像制品出版	8624
		0214	电子出版物出版	8625
		0215	数字出版	8626
		0216	其他出版业	8629
	022		广播影视节目制作	
		0221	影视节目制作	8730

代码			类别名称	行业分类代码
大类	中类	小类		
		0222	录音制作	8770
	023		创作表演服务	
		0231	文艺创作与表演	8810
		0232	群众文体活动	8870
		0233	其他文化艺术业	8890
	024		数字内容服务	
		0241	动漫、游戏数字内容服务	6572
		0242	互联网游戏服务	6422
		0243	多媒体、游戏动漫和数字出版软件开发	6513*
		0244	增值电信文化服务	6319*
		0245	其他文化数字内容服务	6579*
	025		内容保存服务	
		0251	图书馆	8831
		0252	档案馆	8832
		0253	文物及非物质文化遗产保护	8840
		0254	博物馆	8850
		0255	烈士陵园、纪念馆	8860
	026		工艺美术品制造	
		0261	雕塑工艺品制造	2431
		0262	金属工艺品制造	2432
		0263	漆器工艺品制造	2433
		0264	花画工艺品制造	2434
		0265	天然植物纤维编织工艺品制造	2435
		0266	抽纱刺绣工艺品制造	2436
		0267	地毯、挂毯制造	2437
		0268	珠宝首饰及有关物品制造	2438
		0269	其他工艺美术及礼仪用品制造	2439

代码			类别名称	行业分类代码
大类	中类	小类		
	027		艺术陶瓷制造	
		0271	陈设艺术陶瓷制造	3075
		0272	园艺陶瓷制造	3076
03			创意设计服务	
	031		广告服务	
		0311	互联网广告服务	7251
		0312	其他广告服务	7259
	032		设计服务	
		0321	建筑设计服务	7484*
		0322	工业设计服务	7491
		0323	专业设计服务	7492
04			文化传播渠道	
	041		出版物发行	
		0411	图书批发	5143
		0412	报刊批发	5144
		0413	音像制品、电子和数字出版物批发	5145
		0414	图书、报刊零售	5243
		0415	音像制品、电子和数字出版物零售	5244
		0416	图书出租	7124
		0417	音像制品出租	7125
	042		广播电视节目传输	
		0421	有线广播电视传输服务	6321
		0422	无线广播电视传输服务	6322
		0423	广播电视卫星传输服务	6331
	043		广播影视发行放映	
		0431	电影和广播电视节目发行	8750
		0432	电影放映	8760

续　表

代码			类别名称	行业分类代码
大类	中类	小类		
	044		艺术表演	
		0440	艺术表演场馆	8820
	045		互联网文化娱乐平台	
		0450	互联网文化娱乐平台	6432*
	046		艺术品拍卖及代理	
		0461	艺术品、收藏品拍卖	5183
		0462	艺术品代理	5184
	047		工艺美术品销售	
		0471	首饰、工艺品及收藏品批发	5146
		0472	珠宝首饰零售	5245
		0473	工艺美术品及收藏品零售	5246
05			文化投资运营	
	051		投资与资产管理	
		0510	文化投资与资产管理	7212*
	052		运营管理	
		0521	文化企业总部管理	7211*
		0522	文化产业园区管理	7221*
06			文化娱乐休闲服务	
	061		娱乐服务	
		0611	歌舞厅娱乐活动	9011
		0612	电子游艺厅娱乐活动	9012
		0613	网吧活动	9013
		0614	其他室内娱乐活动	9019
		0615	游乐园	9020
		0616	其他娱乐业	9090
	062		景区游览服务	
		0621	城市公园管理	7850

代码			类别名称	行业分类代码
大类	中类	小类		
		0622	名胜风景区管理	7861
		0623	森林公园管理	7862
		0624	其他游览景区管理	7869
		0625	自然遗迹保护管理	7712
		0626	动物园、水族馆管理服务	7715
		0627	植物园管理服务	7716
	063		休闲观光游览服务	
		0631	休闲观光活动	9030
		0632	观光游览航空服务	5622
			文化相关领域	
07			文化辅助生产和中介服务	
	071		文化辅助用品制造	
		0711	文化用机制纸及纸板制造	2221*
		0712	手工纸制造	2222
		0713	油墨及类似产品制造	2642
		0714	工艺美术颜料制造	2644
		0715	文化用信息化学品制造	2664
	072		印刷复制服务	
		0721	书、报刊印刷	2311
		0722	本册印制	2312
		0723	包装装潢及其他印刷	2319
		0724	装订及印刷相关服务	2320
		0725	记录媒介复制	2330
		0726	摄影扩印服务	8060
	073		版权服务	
		0730	版权和文化软件服务	7520*
	074		会议展览服务	

代码			类别名称	行业分类代码
大类	中类	小类		
		0740	会议、展览及相关服务	7281—7284 7289
	075		文化经纪代理服务	
		0751	文化活动服务	9051
		0752	文化娱乐经纪人	9053
		0753	其他文化艺术经纪代理	9059
		0754	婚庆典礼服务	8070*
		0755	文化贸易代理服务	5181*
		0756	票务代理服务	7298
	076		文化设备（用品）出租服务	
		0761	休闲娱乐用品设备出租	7121
		0762	文化用品设备出租	7123
	077		文化科研培训服务	
		0771	社会人文科学研究	7350
		0772	学术理论社会（文化）团体	9521*
		0773	文化艺术培训	8393
		0774	文化艺术辅导	8399*
08			文化装备生产	
	081		印刷设备制造	
		0811	印刷专用设备制造	3542
		0812	复印和胶印设备制造	3474
	082		广播电视电影设备制造及销售	
		0821	广播电视节目制作及发射设备制造	3931
		0822	广播电视接收设备制造	3932
		0823	广播电视专用配件制造	3933
		0824	专业音响设备制造	3934
		0825	应用电视设备及其他广播电视设备制造	3939

代码			类别名称	行业分类代码
大类	中类	小类		
		0826	广播影视设备批发	5178
		0827	电影机械制造	3471
	083		摄录设备制造及销售	
		0831	影视录放设备制造	3953
		0832	娱乐用智能无人飞行器制造	3963*
		0833	幻灯及投影设备制造	3472
		0834	照相机及器材制造	3473
		0835	照相器材零售	5248
	084		演艺设备制造及销售	
		0841	舞台及场地用灯制造	3873
		0842	舞台照明设备批发	5175*
	085		游乐游艺设备制造	
		0851	露天游乐场所游乐设备制造	2461
		0852	游艺用品及室内游艺器材制造	2462
		0853	其他娱乐用品制造	2469
	086		乐器制造及销售	
		0861	中乐器制造	2421
		0862	西乐器制造	2422
		0863	电子乐器制造	2423
		0864	其他乐器及零件制造	2429
		0865	乐器批发	5147
		0866	乐器零售	5247
09			文化消费终端生产	
	091		文具制造及销售	
		0911	文具制造	2411
		0912	文具用品批发	5141
		0913	文具用品零售	5241

代码			类别名称	行业分类代码
大类	中类	小类		
	092		笔墨制造	
		0921	笔的制造	2412
		0922	墨水、墨汁制造	2414
	093		玩具制造	
		0930	玩具制造	2451—2456 2459
	094		节庆用品制造	
		0940	焰火、鞭炮产品制造	2672
	095		信息服务终端制造及销售	
		0951	电视机制造	3951
		0952	音响设备制造	3952
		0953	可穿戴智能文化设备制造	3961*
		0954	其他智能文化消费设备制造	3969*
		0955	家用视听设备批发	5137
		0956	家用视听设备零售	5271
		0957	其他文化用品批发	5149
		0958	其他文化用品零售	5249

表 1-5　带"＊"行业分类文化生产活动内容的说明

序号	国民经济行业分类及代码	文化及相关产业类别名称及小类代码	文化生产活动的内容
1	应用软件开发（6513＊）	多媒体、游戏动漫和数字出版软件开发（0243）	包括应用软件开发中的多媒体软件、游戏动漫软件、数字出版软件开发活动
2	其他电信服务（6319＊）	增值电信文化服务（0244）	仅指固定网增值电信、移动网增值电信、其他增值电信中的文化服务，包括手机报、个性化铃声等业务服务

续　表

序号	国民经济行业分类及代码	文化及相关产业类别名称及小类代码	文化生产活动的内容
3	其他数字内容（6579*）	其他文化数字内容服务（0245）	仅指文化宣传领域数字内容服务
4	工程设计活动（7484*）	建筑设计服务（0321）	仅包括房屋建筑工程,体育、休闲娱乐工程,室内装饰和风景园林工程专项设计服务
5	互联网生活服务平台（6432*）	互联网文化娱乐平台（0450）	仅包括互联网演出购票平台、娱乐应用服务平台、音视频服务平台、读书平台、艺术品鉴定拍卖平台和文化艺术平台
6	投资与资产管理（7212*）	文化投资与资产管理（0510）	指政府主管部门转变职能后,成立的国有文化资产管理机构和文化行业管理机构的活动;文化投资活动,不包括资本市场的投资
7	企业总部管理（7211*）	文化企业总部管理（0521）	指不具体从事对外经营业务,只负责文化企业的重大决策、资产管理,协调管理下属各机构和内部日常工作的文化企业总部的活动,其对外经营业务由下属的独立核算单位或单独核算单位承担,还包括派出机构的活动（如办事处等）
8	园区管理服务（7221*）	文化产业园区管理（0522）	仅指非政府部门的文化产业园区管理服务
9	机制纸及纸板制造（2221*）	文化用机制纸及纸板制造（0711）	包括未涂布印刷书写用纸制造、涂布类印刷用纸制造、感应纸及纸板制造
10	知识产权服务（7520*）	版权和文化软件服务（0730）	版权服务包括版权代理服务,版权鉴定服务,版权咨询服务,著作权登记服务,著作权使用报酬收转服务,版权交易、版权贸易服务和其他版权服务。文化软件服务指与文化有关的软件服务,包括软件代理、软件著作权登记、软件鉴定等服务
11	婚姻服务（8070*）	婚庆典礼服务（0754）	指婚庆礼仪服务。包括婚礼策划、组织服务,婚礼租车服务,婚礼用品出租服务,婚礼摄像服务和其他婚姻服务
12	贸易代理（5181*）	文化贸易代理服务（0755）	包括文化用品、图书、音像、文化用家用电器和广播电视器材等国际国内贸易代理服务

序号	国民经济行业分类及代码	文化及相关产业类别名称及小类代码	文化生产活动的内容
13	专业性团体（9521*）	学术理论社会（文化）团体（0772）	学术理论社会团体包括党的理论研究、史学研究、思想工作研究、社会人文科学研究等团体的服务。文化团体包括新闻、图书、报刊、音像、版权、广播、电视、电影、演员、作家、文学艺术、美术家、摄影家、文物、博物馆、图书馆、文化馆、游乐园、公园、文艺理论研究、民族文化等团体的服务
14	其他未列明教育（8399*）	文化艺术辅导（0774）	包括美术、舞蹈、音乐、书法和武术等辅导服务
15	智能无人飞行器制造（3963*）	娱乐用智能无人飞行器制造（0832）	指按照国家有关安全规定标准,经允许生产并主要用于娱乐的智能无人飞行器的制造
16	电气设备批发（5175*）	舞台照明设备批发（0842）	包括各类舞台照明设备的批发
17	可穿戴智能设备制造（3961*）	可穿戴智能文化设备制造（0953）	指由用户穿戴和控制,并且自然、持续地运行和交互的个人移动计算文化设备产品的制造
18	其他智能消费设备制造（3969*）	其他智能文化消费设备制造（0954）	仅指虚拟现实设备制造活动

　　资料来源:中国国家统计局统计标准,《文化及相关产业分类》(2018),http://www.stats.gov.cn/tjsj/tjbz/201805/t20180509_1598314.html。

　　2004、2012 和 2018 年中国国家统计局发布的《文化及相关产业分类》三次调整,体现了文化产业及其分类与我国《国民经济行业分类》趋向一致的特点。《国民经济行业分类》是文化产业内涵变化和类型演变的主要依据。随着国民经济的不断发展,文化产业内涵不断变化,类型不断演变。

三、文化产业的特征

　　文化产业具有与其他产业不同的特性,虽然其出现晚于传统的经济产业部门,但是它与人类社会的创新发展和生活水平的变化息息相关,是社会发展和经济发展的产物。 文化产业是产业性的文化行为，通过企业运作和市场行为使文化价值转化为市场经济中的商业价值，文化性和商品性合二为一，同时具有创意性（欧阳友权，2007）。 虽然文化产业属于经济活动的一个类型，与物质生产产业有一致性，同时也具有特殊性。

（一）文化产业的精神属性

文化产业生产的产品具有不同于非文化产业的物质产品部门生产的使用价值属性，文化产业生产的文化产品的使用价值是用其文化内涵中的精神属性或精神要素满足消费者的需求，如听广播、看报纸、看电影电视、欣赏交响乐、演唱、绘画、摄影、读小说等。 消费者在其接受和消费的文化产品中可以感觉到却不可触摸到精神要素，这是因为文化产业的产品用它的精神属性或精神要素满足消费者需求。 不同于非文化的物质生产部门，生产的物质产品的一个重要的本质特征是物质属性（杨绪忠、张玉玲、刘冶，2005）。 文化产品的核心价值是其产品所具有的精神内涵，即内容。 形式各异的文化产品因其内容而有价值，因此也可以称之为内容产品（荣跃明，2005）。 正是这种精神属性，使得文化产品的价值是可创造的。 伴随着社会经济的发展，文化产业的内涵和边界都在不断演化，其产品的价值不断更新。

（二）文化产业消费的审美属性与大众化

文化产业生产的产品具有鲜明的审美属性，其产品的形式和评判与一般商品相比具有鲜明的个性。 文化产品作为一种精神消费品，对于消费者最大的使用价值就是其审美价值，文化产业的商品消费实质上就是一种审美商品的消费，从根本上同文化作为审美意识形态的消费区别开来，其中的关键就是文化产品的商品属性取代了它的意识形态属性，商品消解了意识形态。 对文化产业的消费来说，审美属性和商品属性结合得越巧妙，消费就越成功（侯建军、乔荣生，2005）。 例如众多的好莱坞商业影片，带给消费者的就是审美上的愉悦。

文化产业的发展同时又具有大众属性。 文化的产业化发展和整个社会的发展相关联，体现的是时代性的大众文化需求特点。 文化产业是对大众文化的消费。 社会大众的需求是文化产业兴起的必要前提。 越是大众化的消费，越能促进文化产业的发展，文化产业的消费一定程度上要投众所好（侯建军、乔荣生，2005）。

（三）文化产业的高度关联性和融合性

任何一个产业形态，都融入了不同的文化内涵，如饮食文化、居住文化、汽车文化等，无一不反映着不同的文化价值取向，因而文化产业与其他产业有共生性和融合性（李冬、陈红兵，2005）。 这两种特性导致文化产业与其他产业之间存在紧密关系，这种共生和融合特征也使得综合型产业类型出现，例如文化产业和旅游产业融合就可以形成文化旅游产业。 其他众多商品也可以归类为文化产业的衍生产品，例如与动画产业相关的玩具、文化用品、服装等。 文化产业同其他产业部门的高度融合性，使得社会经济产业结构不断发展，产业的层次性不断提升。

本章小结

文化是与自然相对的概念，内涵丰富，是由人类物质、制度和精神等层面构成的多重复合系统。 为社会公众提供文化产品的生产活动构成了文化产业，其具有精神与审美属性，同时具备高度的关联性和融合性。 随着社会经济的发展，文化产业的类型和内涵表现出相应的变化。

第二章　旅游与旅游产业

一、旅游与旅游产业的概念与类型

（一）旅游与旅游业的概念

1. 旅游与游客

旅游活动在原始社会末期就开始出现，早期游学、保健、探险、经商等简单的旅游活动发展成为当代的观光、休闲度假、娱乐、购物、冒险等综合性的旅游活动。 对于旅游的概念界定有一定的难度，曾被称为是"一项哥德巴赫猜想式的难题"（窦群，2001）。 最早真正赋予旅游科学概念的是瑞士学者汉泽克尔（Hunziker）和克拉普夫（Krapf），他们在 1942 年于《普通旅游学纲要》中提出，认为"旅游是非定居者的旅行和暂时居留而引起的一种现象及关系的总和。 这些人不会永久居留，并且主要不从事赚钱的活动"（转引自李天元，2006）。 1991 年，世界旅游组织（UNWTO）在加拿大渥太华召开了国际旅行与旅游统计大会，旅游被正式界定为"人们为了消遣、商业和其他目的离开通常环境去往他处并在那里逗留不超过一年的活动"。 1993 年，世界旅游组织再次提出旅游的定义，认为 "旅游是人们出自除获取报酬以外的任何目的而向其日常环境以外的地方旅行并在该地停留不超过一年所产生的活动"。

从供给的角度看，旅游是"人们出于移民和就业任职以外的其他原因离开自己的常住地前往异国他乡的旅行和逗留活动，以及由此所引起的现象和关系的总和"（李天元，2003）。 从需求的角度看，旅游是"个人以前往异地寻求愉悦为主要目的而度过的一种具有社会、休闲和消费属性的短暂经历"（谢彦君，2004）。 旅游是在闲暇时间内所从事的游憩活动的一部分，它是在对应的经济条件下产生的一种社会经济现象，是人类物质文化生活的一个部分。 旅游的一个显著特点是要离开居住地或工作的地方，短暂前往一个目的地从事各种娱乐活动，同时，旅游目的地要提供各种设施以满足其需要（保继刚，2013）。 《旅游及相关产业分类》（2018）中介绍，旅游是指游客的活动，即游客的出行、住宿、餐饮、游览、购物、娱乐等活动；游客是指以游览观光、休闲娱乐、探亲访友、文化体育、健康医疗、短期教育（培训）、宗教朝拜，或因公务、商务等为目的，前往惯常环境以外，出行持续时间不足一年的出行者。

虽然关于旅游活动的概念界定有一定的差异，但对其实质人们有一定程度的统一认识，即旅游活动是人们在闲暇时间所从事的游憩活动，不属于人的基本生存需要，是在一定的社会经济条件下产生的一种社会经济现象，是人类物质文化生活的一个部分，一定程度上旅游活动可以使人们获得精神上的满足。 旅游活动在空间上表现为特殊的区域系统，由旅游客源地、旅游目的地和旅游通道三部分构成，旅游者由客源地出发经过旅游通道到达旅游目的地，短暂停留、游览之后再通过旅游通道返回旅游客源地（保继刚，2013）（见图 2-1）。 旅游者由客源地出发到达目的地暂时停留，这一过程涉及若干产业部门，如交通、住宿、餐饮、景区景点、旅行社、零售业等相关行业部门。

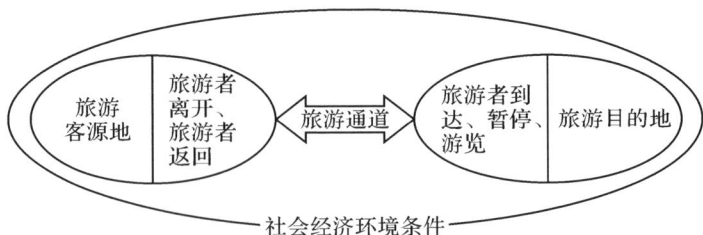

图 2-1　旅游系统构成

资料来源：保继刚的《旅游地理学》，高等教育出版社 2013 年出版。

2. 旅游业

旅游经济活动是旅行活动采用商品交换形式所形成的游客同旅游经营者之间的需求和供给关系以及由这种关系引起的旅游业同政府和社会经济中其他相关行业之间的经济联系和经济关系的总和（林南枝，2000）。 与传统的界定产业标准相比，旅游业还存在一定的特异性：第一，旅游业并非由同类企业所构成，这些企业的业务或产品自然也不尽相同，饭店、航空、旅行社等业务明显不同；第二，旅游业的投入和产出难以清晰地测算和确定，其服务对象不仅不限于旅游者，而且交通运输、住宿、餐饮等均包括对非旅游者的服务；第三，绝大多数旅游企业实际上都隶属于某一传统的产业，如航空公司隶属于交通运输业（李天元，2002）。 因而在旅游发展的早期阶段，很多国家和地区经济产业门类中并没有单独的旅游业。

迄今为止，人们对旅游产业有着不同的见解，学术界尚未对旅游产业形成统一的认识。 从供给角度来看，旅游业是以旅游资源为凭借、以旅游设施为条件，向旅游者提供活动所需的各种产品和服务的经济部门，是现代旅游活动的一个重要组成部分（林南枝，2000）。 从需求角度来看，旅游业是由各个生产或销售能满足旅游者愉悦需要的核心旅游产品的旅游企业构成的集合（谢彦君，2004），是"直接或间接为旅游者提供服务或生产产品企业的集合"（邵琪伟，2012）。 随着社会经济生活的发展，旅游业的经济特性日益明显，虽然产业界定困难，但是其产业属性已得到认可。 一般来讲，旅游业是以旅游者为对象，为其旅游活动创造便利条件并提供所需商品和服务的综合性产业（李天元，2002）。

（二）旅游产业分类

1. 旅游产业类型概述

旅游业的产业构成有狭义和广义之分。 从狭义来看，旅游业仅包含了一些与旅游直接相关的产业类型。 如《国家统计调查制度》（1998）中，旅游业被列入社会服务业中，编号为 K，大类编号为 80，在关于旅游业的说明中指出："旅游业包括经营旅游业务的各类旅行社和旅游公司等的活动，不包括卡拉 OK 歌舞厅、电子游戏厅（室）、游乐园（场）、夜总会等活动。"这基本上仅包含了旅行社这个产业类型。《中国旅游统计年鉴》（副本）中的旅游业包括了旅游管理机构、旅行社、旅游涉外饭店、旅游车船公司、旅游商贸服务公司和其他旅游企业，这种界定范围仍较小，在旅游设施中仅统计了涉外饭店，旅游景区未被统计在内。从广义角度来看，只要和旅游业相关的产业，都应划入旅游业的范围中，其中最具有典型意义的是世界旅游及旅行理事会（WTTC）的观点，WTTC 认为旅游产业包括直接和间接受到旅游业影响的行业。根据联合国的《国际产业划分标准》，旅游业主要由三部分构成，即旅行社、旅游交通和饭店业，在我国人们通常将其称为旅游业的"三大支柱"。英国学者维克托·米德尔顿（1988）将旅游业划分为旅行社、交通客运部门、以旅馆为代表的住宿业、游览场所经营部门和各级旅游管理组织等五大部分，揭示了旅游业的内部结构，在旅游研究领域产生了较大影响（见图 2-2）。从旅游者活动来看，构成旅游业并不只是这五部分，旅游业的构成包括了旅行社、以饭店为代表的住宿业、餐馆业、交通客运业、游览娱乐行业、旅游用品和纪念品销售行业等（李天元，2002）。

```
住宿接待部门
    饭店、宾馆
    农场出租住房
    出租公寓/别墅
    由个人分时占有的公寓套间
    度假村
    会议/展览中心(供住宿)
    野营营地/旅行拖车度假营地
    提供住宿设施的船坞
```

```
游览场所经营部门
    主题公园
    博物馆
    国家公园
    野生动物园
    花园
    自然历史遗产游览点
```

```
交通运输部门
    航空公司
    海运公司
    铁路公司
    公共汽车/长途汽车公司
```

```
旅行业务组织部门
    旅游经营商
    旅游批发商/经纪人
    旅游零售代理商
    会议安排组织商
    预定服务代理商(例如代订客房)
    奖励旅游安排代理商
```

```
目的地旅游组织部门
    国家旅游组织(NTO)
    地区/州旅游组织
    地方旅游组织
    旅游协会
```

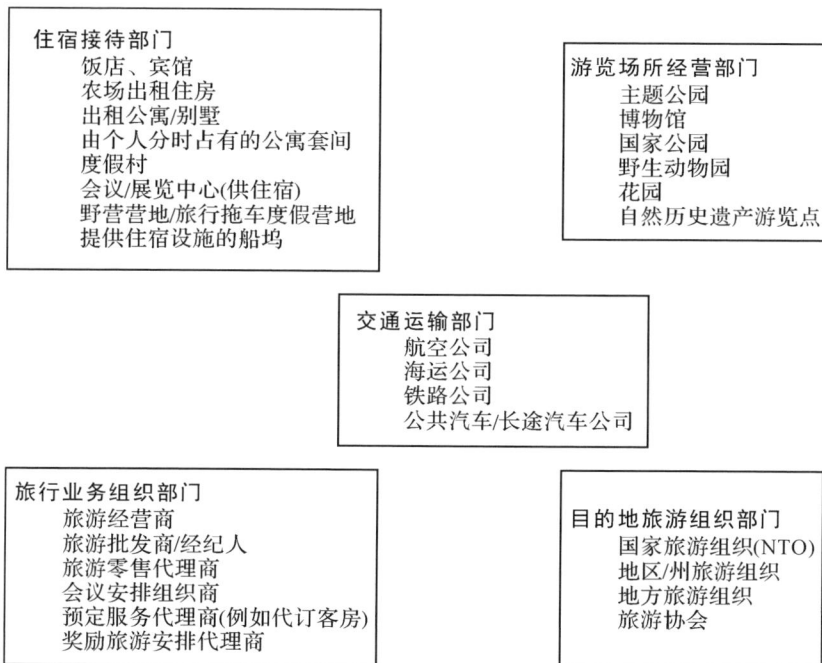

图 2-2　旅游业结构

资料来源：Victor T. C. Middleton，Marketing in Travel and Tourism，London，1988。

转引自李天元的《旅游学》，高等教育出版社 2002 年版。

2.《旅游及相关产业统计分类》(2018)

旅游业的划分既有国际标准也有区域标准。我国目前实行的标准是中国国家统计局 2018 年发布的《旅游及相关产业统计分类》。该标准为加快旅游业发展，科学界定旅游及相关产业的统计范围，依法开展旅游统计调查监测，依据《中华人民共和国统计法》《国务院关于促进旅游业改革发展的若干意见》(国发〔2014〕31 号)，参照《国民经济行业分类》(GB/T 4754—2017)制定。该标准将旅游产业分为旅游业和旅游相关产业两大部分，其中旅游业是指直接为游客提供出行、住宿、餐饮、游览、购物、娱乐等服务活动的集合；旅游相关产业是指为游客出行提供旅游辅助服务和政府旅游管理服务等活动的集合。

该分类将旅游及相关产业划分为三层，分别用阿拉伯数字表示。第一层

为大类，用 2 位阿拉伯数字表示，共 9 个大类；第二层为中类，用 3 位阿拉伯
数字表示，共 27 个中类；第三层为小类，用 4 位阿拉伯数字表示，共 65 个小
类。 按照该分类标准，旅游业包括了旅游出行、旅游住宿、旅游餐饮、旅游
游览、旅游购物、旅游娱乐、旅游综合服务 7 个大类，旅游相关产业包括旅游
辅助服务和政府旅游管理服务两大类。 旅游出行包括铁路、道路、水上、空
中、其他等 5 个中类；旅游住宿分一般和休养 2 个中类；旅游餐饮分正餐、快
餐、饮料、小吃、餐饮配送 5 个中类；旅游游览分公园景区及其他 2 个中类；
旅游购物分为出行及旅游商品 2 个中类；旅游娱乐分为文化、健身、休闲 3 个
中类；旅游综合服务分为旅行社及其他 2 个中类。 旅游辅助服务分为出行、
金融、教育、其他 4 个中类；政府旅游管理服务只有政府旅游事务管理 1 个中
类（见表 2-1）。

表 2-1 《旅游及相关产业分类》（2018）

代 码			名 称	行业分类 代码
大类	中类	小类		
			旅游业	
11			旅游出行	
	111		旅游铁路运输	
		1111	铁路旅客运输	531
		1112	客运火车站	5331
	112		旅游道路运输	
		1121	城市旅游公共交通服务	541*
		1122	公路旅客运输	542
	113		旅游水上运输	
		1131	水上旅客运输	551
		1132	客运港口	5531
	114		旅游空中运输	
		1141	航空旅客运输	5611
		1142	观光游览航空服务	5622
		1143	机场	5631

代　码			名　称	行业分类代码
大类	中类	小类		
		1144	空中交通管理	5632
	115		其他旅游出行服务	
		1151	旅客票务代理	5822
		1152	旅游交通设备租赁	7111* 7115* 7119*
12			旅游住宿	
	121		一般旅游住宿服务	
		1211	旅游饭店	6110
		1212	一般旅馆	612
		1213	其他旅游住宿服务	6130* 6140* 6190*
	122	1220	休养旅游住宿服务	8511*
13			旅游餐饮	
	131	1310	旅游正餐服务	6210*
	132	1320	旅游快餐服务	6220*
	133	1330	旅游饮料服务	623*
	134	1340	旅游小吃服务	6291*
	135	1350	旅游餐饮配送服务	6241*
14			旅游游览	
	141		公园景区游览	
		1411	城市公园管理	7850
		1412	游览景区管理	786
		1413	生态旅游游览	771*
		1414	游乐园	9020
	142		其他旅游游览	
		1421	文物及非物质文化遗产保护	8840

代　　码			名　　称	行业分类代码
大类	中类	小类		
		1422	博物馆	8850
		1423	宗教活动场所服务	9542
		1424	烈士陵园、纪念馆	8860
		1425	旅游会展服务	728*
		1426	农业观光休闲旅游	0141* 0143* 0149* 015* 0412*
15			旅游购物	
	151	1510	旅游出行工具及燃料购物	526*
	152	1520	旅游商品购物	521* 522* 523* 524*
16			旅游娱乐	
	161		旅游文化娱乐	
		1611	文艺表演旅游服务	8810*
		1612	表演场所旅游服务	8820*
		1613	旅游室内娱乐服务	9011* 9012* 9019*
		1614	旅游摄影扩印服务	8060*
	162		旅游健身娱乐	
		1621	体育场馆旅游服务	892*
		1622	旅游健身服务	8930*
	163		旅游休闲娱乐	
		1631	洗浴旅游服务	8051*

代　码			名　称	行业分类代码
大类	中类	小类		
		1632	保健旅游服务	8052* 8053* 8412* 8413* 8414* 8415* 8416*
		1633	其他旅游休闲娱乐服务	9030* 9090*
17			旅游综合服务	
	171	1710	旅行社及相关服务	7291
	172		其他旅游综合服务	
		1721	旅游活动策划服务	7297* 7298* 7299*
		1722	旅游电子平台服务	6432* 6434* 6439* 6440* 6450*
		1723	旅游企业管理服务	7215* 7219* 722* 9522*
			旅游相关产业	
21			旅游辅助服务	
	211		游客出行辅助服务	
		2111	游客铁路出行辅助服务	5333* 5339*
		2112	游客道路出行辅助服务	544*
		2113	游客水上出行辅助服务	5539*
		2114	游客航空出行辅助服务	5639*
		2115	旅游搬运服务	5910*

代　码			名　称	行业分类代码
大类	中类	小类		
	212		旅游金融服务	
		2121	旅游相关银行服务	6621* 6623* 6624* 6629* 6634* 6635* 6636* 6637* 6639*
		2122	旅游人身保险服务	6813* 6814*
		2123	旅游财产保险服务	6820*
		2124	其他旅游金融服务	6999*
	213		旅游教育服务	
		2131	旅游中等职业教育	8336*
		2132	旅游高等教育	834*
		2133	旅游培训	8391*
	214		其他旅游辅助服务	
		2141	旅游安保服务	7271* 7272*
		2142	旅游翻译服务	7294*
		2143	旅游娱乐体育设备出租	7121* 7122*
		2144	旅游日用品出租	7123* 7129* 7130*
		2145	旅游广告服务	725*
22			政府旅游管理服务	
	221	2210	政府旅游事务管理	9221*

注：带"＊"行业类别的内容在《旅游及相关产业统计分类》(2018)中给出了详细说明，仅包含与游客需求有关的产业部门。

二、旅游产业的特征

（一）多样性

旅游业通过提供旅游产品来满足旅游者的需要，而旅游者的需要是多种多样的，即包括从离家外出直至返回定居地这一期间在行、住、食、游、购、娱等方面的多重需要（李天元，2002）。 旅游者在旅游活动过程中需求的多样性导致了旅游产业的多样性特征。 在旅游消费过程中，旅游者除了对核心旅游吸引物的观光、娱乐等需求外，还包括食、住、行、购等多个方面的基本需求，因此旅游产业涉及交通、餐饮、建筑、文化、卫生、宗教、邮电、通信等部门。 另外，旅游者的消费也表现出多层次的特征，有基本的大众观光旅游，也有度假、娱乐、探险等专门层次的旅游，同类旅游产业内部表现出多样性的特点。

（二）关联性

旅游产品是一个总体的概念，包含了实现一次全程旅游活动可能需要的各种服务的组合（王大悟、魏小安，2000）。 旅游产品可以分为整体旅游产品和单项旅游产品。 整体旅游产品是包括食、住、行、游、购、娱等旅游要素的整合型旅游产品，由旅游活动中各个消费环节构成；单项旅游产品即饮食、购物、住宿、娱乐等环节也可以成为旅游者一次出游的重要吸引物。 无论是单项旅游产品还是整体旅游产品，旅游者在空间上均实现了由客源地到目的地的位移和消费行为，这期间除了满足旅游需要之外，还必须满足一些基本的生存需要，涉及旅游通道和旅游目的地的基本设施、服务设施等相关部门。 因而，旅游活动的整个过程与社会经济的产业部门和公共事业部门都具有极高的关联性。 旅游产业的运转需要各部门和各行业的配合，同时旅游经济也对社会各部门和各行业产生重要的影响。

旅游产品的关联性还表现为旅游活动过程中任何服务环节之间都是息息相

关的。 旅游业各个行业联系在一起，其中任何一个行业的滞后或行为失误，都会造成旅游者对该地总体旅游产品的不良评价，从而导致其他行业客源量的减少（李天元，2002）。 因而，地方旅游业的发展要以整体发展为目标。

（三）资源依赖性

旅游资源具有自在性的特征，先于旅游活动而存在。 旅游产业的发展对核心旅游吸引物具有高度依赖性，旅游活动往往是在具有绝对或相对资源垄断性的地区率先发展起来的。 旅游者除自身需求之外，还受到旅游目的地资源的吸引，才在地理空间上产生旅游活动，旅游经济活动存在于客源地的推动和目的地的拉动作用机制之上。 对旅游者产生拉力的更多为目的地既有的旅游资源，这种旅游资源可以是山、水、植物、动物等物质景观，也可以是民俗、宗教、礼仪等非物质景观。 旅游业依赖于这些目的地的旅游资源，只有产生旅游吸引力的旅游目的地才具备发展旅游业的基础条件。

（四）脆弱性

与其他产业比较，旅游产业对地区经济具有带动作用，同时旅游产业也是一种无形的出口产业，一项极不稳定的出口产业（保继刚，2013）。 同其他产业部门相比，旅游业更脆弱。 其脆弱性体现于旅游活动最容易受到自然、社会和经济环境的影响，一旦外界环境因素发生变化，旅游业的运行即会受到影响。 同时，作为个体的旅游者，其收入、偏好、闲暇时间也是容易发生变化的，这就使得旅游业更为容易受到外部因素的影响。

（五）交叉性

从《旅游及相关产业统计分类》（2018）中不难发现，部分旅游产业部门与居民生活需求产业部门高度交叉，旅游出行、住宿、餐饮、购物等产业部门均具有服务于地方居民和游客的双重属性。 旅游产业既为旅游者提供服务，又为地区居民提供服务。 旅游产业与地方经济产业部门之间存在明显的交叉性，这种属性也导致了旅游产业经济部门在早期阶段并没有被单独列出，而是分散在地区各相关部门之中。

本章小结

　　旅游活动是人们在闲暇时间离开常住地所从事的游憩活动，为旅游活动提供产品和服务的部门构成旅游产业。旅游产业构成多样化，与国民经济各部门具有高度的交叉性和关联性，同时具有资源依赖性和脆弱性的产业特征。

第三章　文化和旅游的融合发展

一、文化和旅游的关联性

(一)文化和旅游活动的关联

文化对旅游活动的开展具有推拉的双重作用。旅游者被旅游目的地的文化所吸引而出游，旅游地通过挖掘自身的文化资源开发旅游产品。

1.文化促进旅游活动的开展

文化和旅游活动存在高度的关联性。文化既是旅游活动的推动因素，也是旅游活动的拉动因素。旅游活动的发生在空间上的表现即为旅游者受到目的地的吸引而到访的过程，其中文化是最重要的吸引要素，是促使旅游者出游的重要驱动力。20 世纪 80 年代，旅游研究者认识到文化本身就可以成为一种商品，从而给文化旅游发展创造了极好的机会。有一部分人是在对某一目的地的文化或遗产获得更深刻的了解后旅行的（Tighe，1986）。20 世纪90 年代，当大众旅游市场开始细分时，人们对文化旅游的实质加以确认。文化旅游已成为拥有大众市场的活动（Greg，1996；Jadran，1999）。文化旅游地的多功能性是文化旅游地受游客欢迎的关键因素（McKercher，2004）。文化的差异是人们外出旅游的外动力（保继刚，2013），出游的文化动机表现为人们为了认识、了解自己生活环境和知识范围以外的事物而产生的动机，其最大的特点是希望了解异国他乡的音乐、艺术、民俗、舞蹈、绘画以及宗教等情况（李天元，2002）。了解异域文化是人们出游的重要推动因素。

旅游资源的界定同样表现出了文化和旅游活动的相关性。 旅游资源是那些对旅游者具有吸引力的自然存在和历史文化遗产,以及直接用于旅游目的的人工创造物(保继刚、楚义芳,1999);也是指客观存在于一定地域空间并因其所具有的愉悦价值而使旅游者为之向往的自然存在、历史文化遗产或社会现象(谢彦君,2004)。 目前我国采用的现行国家标准(国家标准 GB/T 18972—2017)中认为,旅游资源是指自然界和人类社会凡能对旅游者产生吸引力,可以为旅游业开发利用,并可产生经济效益、社会效益和环境效益的各种事物和现象。 对比发现,关于文化要素对于旅游资源的界定,早期更为关注历史文化要素,进而增加社会文化要素,目前文化旅游资源的内涵则更为宽泛,只要能吸引游客到访的文化要素均被认定在文化旅游资源范畴中。 这种宽泛性的文化旅游资源的界定是文化发展的必然结果。 在旅游目的地的吸引物体系中,自然要素地域指向性明显且变化相对缓慢。 文化要素同样具有地域指向性,但具有变化相对快速的特征,驱动了目的地文化吸引要素的内涵和范畴逐渐加大,也进一步加强了文化和旅游活动之间的关系。

2. 旅游活动开展可以促进文化恢复和传播

旅游活动和文化密不可分。 文化除了可以作为旅游资源进行旅游产品开发之外,还可以增加旅游产品的内涵和增强旅游产业竞争力,旅游活动的开展也可以促进文化的传播和保护。 旅游目的地在开发旅游产品的过程中深入挖掘地方文化内涵,使其成为具有吸引力的文化旅游产品。 这种过程不仅表现为对旅游目的地已有文化资源的开发利用,也包括对已经消失或弱化的文化资源的恢复和修复,对旅游地文化资源的保护和利用起到积极的作用。 同时,文化要素的加入,也能够促进其他旅游产品的开发利用,加深其内涵。

(二)文化产业和旅游产业的交叉

文化产业和旅游产业存在关联和交叉。 文化产业和旅游产业两者虽然分属于不同的产业系统,但两者具有高度的相关性。 文化产业和旅游产业从理论上可以形成一种共生关系,这种共生关系建立在两大产业的内涵和特性基础之上。 在旅游业逐渐走向多元化的中国,文化将发挥越来越重要的作用,尤其是作为经营性质的文化产业与旅游业的互动发展将是旅游产业链延伸的重要途径。

从概念和类型划分来看，旅游产业和文化产业之间在产业内涵上存在高度的关联性，甚至产业内容高度重合。《文化及相关产业分类》（2018）中认为文化及相关产业是指为社会公众提供文化、娱乐产品和服务的活动，这些活动与旅游活动密切相关。旅游活动本质上具有经济属性、社会属性和文化属性，旅游活动也是文化传播过程。旅游业具有文化产业和经济产业的双重属性，是文化活动和经济活动的有机结合，旅游业的这种本质属性决定了其与文化产业的不可分割性。

文化产业和旅游业的相关性受到了研究人员的关注，其中被关注较多的是影视业与旅游业的关系。研究结果表明，影视产业的发展能够影响旅游目的地形象的构成（Schofield，1996；Kim，2003；Riley、Doren，1992），还能够直接拉动目的地游客数量的快速提升（Reley，1998；Tooke，1996），而作为外景地的旅游地则需要适时抓住这种曝光机会才能拉动旅游业的发展（Tooke，1996）。中国旅游在从观光游到深度休闲度假游转变的过程中，旅游产品和服务的供给越来越离不开对文化的挖掘。这成为旅游目的地留住游客的重要手段。丰富的文化体验尤其是所在地文化体验，成为自然风光之外旅游产品开发最重要的依托，文化成为旅游产品的灵魂，文化产品的开发也是延长旅游产业链的重要依托（叶一剑，2017）。文化产业和旅游产业交叉日益紧密，两者之间产业融合程度、范围进一步深入、拓展。

（三）文化和旅游管理体制

1. 文化和旅游管理职能交叉

由于文化和旅游之间的资源和产业关联，文化和旅游行政管理部门在职能方面存在明显的交叉。原文化部有文化事业和产业功能，管理有旅游潜力的文物保护单位和文化遗产，管理具有旅游活动性质的文化活动和艺术活动，负责与旅游产业有重要关联的动漫等文化产业的发展规划。原国家旅游局的职责主要是统筹协调旅游业的发展，涉及资源普查、规划、保护等工作任务,其资源普查、活动的组织与推广、市场质量的管理等职责与文化部存在明显的交叉（见资料3-1、3-2）。 两部门职能权属的交叉在一定程度上不利于整体战略的制定和具体工作的开展。

资料 3-1　原文化部主要职责

中华人民共和国文化部是国务院组成部门之一。其主要职责是:

（一）拟订文化艺术方针政策,起草文化艺术法律法规草案。

（二）拟订文化艺术事业发展规划并组织实施,推进文化艺术领域的体制机制改革。

（三）指导、管理文学艺术事业,指导艺术创作与生产,推动各门类艺术的发展,管理全国性重大文化活动。

（四）推进文化艺术领域的公共文化服务,规划、引导公共文化产品生产,指导国家重点文化设施建设和基层文化设施建设。

（五）拟订文化艺术产业发展规划,指导、协调文化艺术产业发展,推进对外文化产业交流与合作。

（六）拟订非物质文化遗产保护规划,起草有关法规草案,组织实施非物质文化遗产保护和优秀民族文化的传承普及工作。

（七）指导、管理社会文化事业,指导图书馆、文化馆（站）事业和基层文化建设。

（八）拟订文化市场发展规划,指导文化市场综合执法工作,负责对文化艺术经营活动进行行业监管,指导对从事演艺活动民办机构的监管工作。

（九）负责文艺类产品网上传播的前置审批工作,负责对网吧等上网服务营业场所实行经营许可证管理,对网络游戏服务进行监管（不含网络游戏的网上出版前置审批）。

（十）拟订动漫、游戏产业发展规划并组织实施,指导协调动漫、游戏产业发展。

（十一）拟订文化科技发展规划并监督实施,推进文化科技信息建设。

（十二）指导、管理对外文化交流和对外文化宣传工作,组织拟订对外及对港澳台的文化交流政策,指导驻外使（领）馆及驻港澳文化机构的工作,代表国家签订中外文化合作协定,组织实施大型对外文化交流活动。

(十三)承办国务院交办的其他事项。

资料 3-2　原国家旅游局职责

(一)统筹协调旅游业发展,制定发展政策、规划和标准,起草相关法律法规草案和规章并监督实施,指导地方旅游工作。

(二)制定国内旅游、入境旅游和出境旅游的市场开发战略并组织实施,组织国家旅游整体形象的对外宣传和重大推广活动。指导我国驻外旅游办事机构的工作。

(三)组织旅游资源的普查、规划、开发和相关保护工作。指导重点旅游区域、旅游目的地和旅游线路的规划开发,引导休闲度假。监测旅游经济运行,负责旅游统计及行业信息发布。协调和指导假日旅游和红色旅游工作。

(四)承担规范旅游市场秩序、监督管理服务质量、维护旅游消费者和经营者合法权益的责任。规范旅游企业和从业人员的经营和服务行为。组织拟订旅游区、旅游设施、旅游服务、旅游产品等方面的标准并组织实施。负责旅游安全的综合协调和监督管理,指导应急救援工作。指导旅游行业精神文明建设和诚信体系建设,指导行业组织的业务工作。

(五)推动旅游国际交流与合作,承担与国际旅游组织合作的相关事务。制定出国旅游和边境旅游政策并组织实施。依法审批外国在我国境内设立的旅游机构,审查外商投资旅行社市场准入资格,依法审批经营国际旅游业务的旅行社,审批出国(境)旅游、边境旅游。承担特种旅游的相关工作。

(六)会同有关部门制定赴港澳台旅游政策并组织实施,指导对港澳台旅游市场推广工作。按规定承担大陆居民赴港澳台旅游的有关事务,依法审批港澳台在内地设立的旅游机构,审查港澳台投资旅行社市场准入资格。

(七)制定并组织实施旅游人才规划,指导旅游培训工作。会同有关部门制定旅游从业人员的职业资格标准和等级标准并指导实施。

(八)承办国务院交办的其他事项。

2.文化和旅游部的设立

文化和旅游管理部门的职能交叉促进了管理体制的融合。 2018 年 3 月

14 日，国务院机构改革方案提请十三届全国人大一次会议审议，提议国家旅游局与文化部合并，组建文化和旅游部，不再保留原文化部、国家旅游局。 3月 17 日，会议表决通过了《第十三届全国人民代表大会第一次会议关于国务院机构改革方案的决定》，批准设立中华人民共和国文化和旅游部。 2018 年 3 月，中华人民共和国文化和旅游部批准设立。 文化和旅游部的设立为文化和旅游的深层次融合发展提供了体制保障。 文旅管理体制的理顺，提升了文化和旅游资源的内涵，提出了文旅资源、文旅产业等关键词汇，进一步促进了文旅融合的深化发展（见资料 3-3）。

资料 3-3 文化和旅游部的职责与下设机构

中华人民共和国文化和旅游部主要职责是：

（一）贯彻落实党的文化工作方针政策，研究拟订文化和旅游政策措施，起草文化和旅游法律法规草案。

（二）统筹规划文化事业、文化产业和旅游业发展，拟订发展规划并组织实施，推进文化和旅游融合发展，推进文化和旅游体制机制改革。

（三）管理全国性重大文化活动，指导国家重点文化设施建设，组织国家旅游整体形象推广，促进文化产业和旅游产业对外合作和国际市场推广，制定旅游市场开发战略并组织实施，指导、推进全域旅游。

（四）指导、管理文艺事业，指导艺术创作生产，扶持体现社会主义核心价值观、具有导向性代表性示范性的文艺作品，推动各门类艺术、各艺术品种发展。

（五）负责公共文化事业发展，推进国家公共文化服务体系建设和旅游公共服务建设，深入实施文化惠民工程，统筹推进基本公共文化服务标准化、均等化。

（六）指导、推进文化和旅游科技创新发展，推进文化和旅游行业信息化、标准化建设。

（七）负责非物质文化遗产保护，推动非物质文化遗产的保护、传承、普及、弘扬和振兴。

（八）统筹规划文化产业和旅游产业，组织实施文化和旅游资源普查、挖掘、保护和利用工作，促进文化产业和旅游产业发展。

（九）指导文化和旅游市场发展，对文化和旅游市场经营进行行业监管，推进文化和旅游行业信用体系建设，依法规范文化和旅游市场。

（十）指导全国文化市场综合执法，组织查处全国性、跨区域文化、文物、出版、广播电视、电影、旅游等市场的违法行为，督查督办大案要案，维护市场秩序。

（十一）指导、管理文化和旅游对外及对港澳台交流、合作和宣传、推广工作，指导驻外及驻港澳台文化和旅游机构工作，代表国家签订中外文化和旅游合作协定，组织大型文化和旅游对外及对港澳台交流活动，推动中华文化走出去。

（十二）管理国家文物局。

（十三）完成党中央、国务院交办的其他任务。

中华人民共和国文化和旅游部设下列内设机构：

（一）办公厅。负责机关日常运转工作。组织协调机关和直属单位业务，督促重大事项的落实。承担新闻宣传、政务公开、机要保密、信访、安全工作。

（二）政策法规司。拟订文化和旅游方针政策，组织起草有关法律法规草案，协调重要政策调研工作。组织拟订文化和旅游发展规划并组织实施。承担文化和旅游领域体制机制改革工作。开展法律法规宣传教育。承担机关行政复议和行政应诉工作。

（三）人事司。拟订人才队伍建设规划并组织实施。负责机关、有关驻外文化和旅游机构、直属单位的人事管理、机构编制及队伍建设等工作。

（四）财务司。负责部门预算和相关财政资金管理工作。负责机关、有关驻外文化和旅游机构财务、资产管理。负责全国文化和旅游统计工作。负责机关和直属单位内部审计、政府采购工作。负责有关驻外文化和旅游机构设施建设工作。指导、监督直属单位财务、资产管理。指导国家重点及基层文化和旅游设施建设。

（五）艺术司。拟订音乐、舞蹈、戏曲、戏剧、美术等文艺事业发展规划和扶持政策并组织实施。扶持体现社会主义核心价值观、具有导向性代表性示范性的文艺作品和代表国家水准及民族特色的文艺院团。推动各门类艺术、各艺术品种发展。指导、协调全国性艺术展演、展览以及重大文艺活动。

（六）公共服务司。拟订文化和旅游公共服务政策及公共文化事业发展规划并组织实施。承担全国公共文化服务和旅游公共服务的指导、协调和推动工作。拟订文化和旅游公共服务标准并监督实施。指导群众文化、少数民族文化、未成年人文化和老年文化工作。指导图书馆、文化馆事业和基层综合性文化服务中心建设。指导公共数字文化和古籍保护工作。

（七）科技教育司。拟订文化和旅游科技创新发展规划和艺术科研规划并组织实施。组织开展文化和旅游科研工作及成果推广。组织协调文化和旅游行业信息化、标准化工作。指导文化和旅游装备技术提升。指导文化和旅游高等学校共建和行业职业教育工作。

（八）非物质文化遗产司。拟订非物质文化遗产保护政策和规划并组织实施。组织开展非物质文化遗产保护工作。指导非物质文化遗产调查、记录、确认和建立名录。组织非物质文化遗产研究、宣传和传播工作。

（九）产业发展司。拟订文化产业、旅游产业政策和发展规划并组织实施。指导、促进文化产业相关门类和旅游产业及新型业态发展。推动产业投融资体系建设。促进文化、旅游与相关产业融合发展。指导文化产业园区、基地建设。

（十）资源开发司。承担文化和旅游资源普查、规划、开发和保护。指导、推进全域旅游。指导重点旅游区域、目的地、线路的规划和乡村旅游、休闲度假旅游发展。指导文化和旅游产品创新及开发体系建设。指导国家文化公园建设。承担红色旅游相关工作。

（十一）市场管理司。拟订文化市场和旅游市场政策和发展规划并组织实施。对文化和旅游市场经营进行行业监管。承担文化和旅游行业信用体系建设工作。组织拟订文化和旅游市场经营场所、设施、服务、产品等标准并监督实施。监管文化和旅游市场服务质量，指导服务质量提升。承担旅游经济运行监测、假日旅游市场、旅游安全综合协调和监督管理。

（十二）文化市场综合执法监督局。拟订文化市场综合执法工作标准和规范并监督实施。指导、推动整合组建文化市场综合执法队伍。指导、监督全国文化市场综合执法工作，组织查处和督办全国性、跨区域文化市场重大案件。

（十三）国际交流与合作局（港澳台办公室）。拟订文化和旅游对外及对港澳台交流合作政策。指导、管理文化和旅游对外及对港澳台交流、合作及宣传推广工作。指导、管理有关驻外文化和旅游机构,承担外国政府在华、港澳台在内地(大陆)文化和旅游机构的管理工作。承办文化和旅游中外合作协定及其他合作文件的商签工作。承担政府、民间及国际组织在文化和旅游领域交流合作相关事务。组织大型文化和旅游对外及对港澳台交流推广活动。

(十四)机关党委。负责机关及国家文物局、在京直属单位的党群工作。

(十五)离退休干部局。负责离退休干部工作。

(四)文旅资源和文旅产业的提出

文化和旅游部的成立进一步从管理体制上推进了文化和旅游的融合发展,文旅资源、文旅产业的概念内涵随之出现并发展。

1. 文旅资源

文旅资源由文化旅游资源的概念演变而来。 凡是能够对旅游者具有吸引力的自然事物、文化事物、社会事物或其他任何客观事物,皆可构成旅游资源(李天元,2003)。 文化旅游资源是旅游资源的重要构成部分,其概念本身即有狭义和广义之分,且具有动态变化性。 最初把具有文化价值的历史文物、遗产古迹等划分为文化旅游资源,后来由于非物质文化遗产的旅游价值逐渐增大,文化旅游资源的概念也囊括了许多活动性的文化现象(杨雪松,2015)。 从狭义上看,文化旅游资源是文化与旅游有机结合为一体的一种旅游资源类型;广义上看,凡是能为旅游者提供文化体验的旅游资源,包括具有历史、艺术或科学价值的文物、建筑、遗址遗迹以及口头传统和表述、表演艺术、社会风俗、礼仪、节庆、实践经验与知识、手工艺技能等传统文化表现形式都属于文化旅游资源的范畴(徐春晓、胡婷,2017)。 文旅资源具有狭义和广义之分。 狭义的文旅资源即指文化旅游资源,是旅游资源的一个子集;广义的文旅资源则是指文化和旅游资源,是指具有文化和旅游双重属性的、具有文化价值和旅游价值的资源集合。 广义的文旅资源和广义的文化旅游资源的含义不同,后者范围更宽,内容更丰富。

2. 文旅产业

狭义的文旅产业，即指文化旅游产业。 从旅游的视角上看文化旅游产业是旅游产业的衍生品，其发展核心以旅游业为主。 如魏红妮（2013）将文化旅游产业定义为以人文旅游资源为基础，以展示文化内涵为内容，以行、住、食、游、购、娱六大要素为依托，通过产业化的经营模式生产旅游产品和服务满足游客文化体验需求的产业。 李茜等（2009）认为文化旅游产业是为游客提供旅游文化、旅游娱乐产品和优质服务活动，以及与其相关的活动集合。按文旅资源类型，狭义的文旅产业可分为历史文化型和社会文化型。 历史文化型是指利用历史文化旅游资源而形成的产业（龚邵方，2008）；社会文化型是指通过开发社会文化相关的旅游资源而形成的产业（刘歆、刘玉梅等，2007）。

随着旅游业和文化产业的发展，文化和旅游产业的融合发展丰富了文旅产业的内涵。 2009 年，文化部和国家旅游局联合印发《关于促进文化与旅游结合发展的指导意见》，提出要加强文化和旅游的深度结合，促进旅游产业转型升级，满足人民群众的消费需求（范建华、李林江，2020）。 随后，有关部门出台了一系列相关政策，文化产业和旅游产业的融合成为新时代旅游发展的重要路径。 从产业融合视角进行界定，文旅产业就是文化产业和旅游产业的集合体。 邵金萍（2011）指出，文化旅游产业是以文化为内容、以旅游为依托的综合性产业。 文化产业的精神魂魄直接或间接地与旅游产业各子产业及关联产业相互渗透、综合发展，便形成潜力巨大的文化旅游产业（朱佳，2012）。 按文旅融合模式，文旅产业可分为延伸型、重组型和渗透型三种类型。 其中延伸型是指由于文化和旅游的关联性使得文化产业和旅游产业之间的经济活动存在交叉和功能互补，以此实现产业间的融合。 此类型保留了文化产业和旅游产业原有的价值链和特征，如文化创意产业园区、影视旅游基地等。 重组型是指打破原有的旅游和文化产业的产业链，提取其中的核心价值环节，经过资源整合和产业重组构建新的旅游文化产业（张宏梅、赵忠仲，2015）。 此类型典型的旅游产品包括节庆旅游、赛事旅游、会展旅游等（魏红妮，2013）。 渗透型是指文化和旅游的产业链相互渗透、交融，形成"文化无处不在"的新型产业,其中典型的有主题公园、特色文化街等(熊正贤,2017)。 文化和旅游管理体制上的融合进一步提升文旅产业内涵,其产业边界具有动态发展的特征。

(五)文旅融合的内涵解读

文旅融合在资源、产业、地域、政策等方面均具有深刻的含义。 文旅融合是多方面因素共同驱动的结果,同时也需要对其进行高端的设计。

1. 文旅融合是体制与社会发展的双重驱动

文化和旅游部的组建促进了文旅融合这一名词的高频次出现和使用。 文化和旅游部门的正式合并在管理体制上理顺了文化和旅游的关系,并进一步推进了文化和旅游的深度融合。 国务委员王勇表示,调整旨在"增强和彰显文化自信,统筹文化事业、文化产业发展和旅游资源开发,提高国家文化软实力和中华文化影响力,推动文化事业、文化产业和旅游业融合发展"。[①] 文旅融合体现新时代治理特色,管理体制的革新为文化和旅游的深度融合发展提供了制度保障。

文旅融合体现了社会经济发展的阶段性进步。 对文化和旅游的需求是在满足基本生存需要和安全需要的基础上才产生的,对文化和旅游活动的进一步需求是在人们社会经济生活发展到一定水平,进而转换到满足精神需求的阶段的背景下产生的。 中国社会经济飞速发展,政治制度建设突飞猛进,取得的成就显著,人们随之产生了大量的文化和旅游需求。 满足这种需求需要深入挖掘文化内涵和进一步提升旅游活动供给能力,两者共同驱动文化和旅游融合发展。

2. 文旅融合强调内生式增长

文化和旅游的融合,尤其是文旅管理部门的合并,凸显了文化和旅游的

---

① 《文旅从此是一家 国务院组建文化和旅游部》,http://www.sohu.com/a/237456303_99951786。

内在关联。基于文旅整体的视角重新审视文化和旅游资源的开发利用和产业的发展，能够推进文旅产业内生式增长。文化资源与旅游活动的深度融合，拓宽了文化资源的使用范围，提升了文化资源的价值，加深了旅游产品的文化内涵，实现了文旅产品的升级与产业的转型。以文促旅，以旅促文，是未来地域经济发展的创新模式，也是促进地域经济转型和发展的有力手段。

3. 文旅融合具有时空演化的规律性

文化和旅游的融合是一个时空演化的综合发展过程，文化和旅游部的设立是系统发展过程中一个里程碑式的事件，驱动着文旅融合的深入发展。文旅融合在时间上可以划分为初级、发展和提升阶段，在空间上呈现"点—面"的发展过程。文旅融合的初级阶段表现为资源融合，主要内容为典型的地方文化作为旅游资源被开发成文化旅游产品和文化旅游景区，空间上呈现"点"式旅游景区的发展形态；文旅融合的发展阶段表现为产业融合，文化产业和旅游产业形成耦合型产业系统，促使产生或创造新的文旅产业形态；文旅融合的提升阶段表现为地域融合，主要内容为以文化为主题和内涵的综合型旅游目的地的发展，空间上呈现"面"状文旅地域的发展形态（见图3-1）。

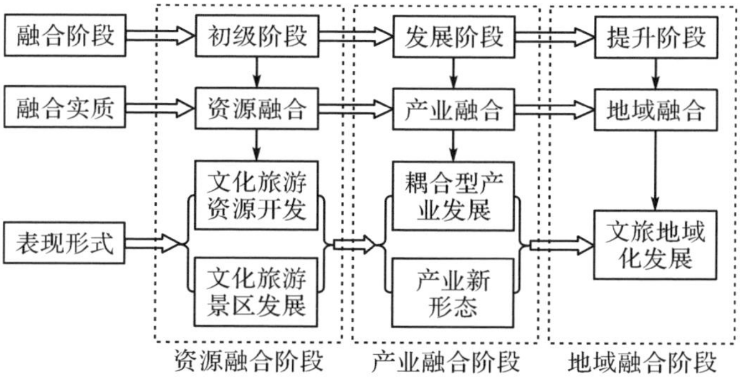

图 3-1 文旅融合的时空演化规律

4. 文旅融合需要高端设计

文化的属性及文化产业的创意导向，要求文旅融合进行高端的设计。文旅融合因地而异、因时而异，受到地区文化资源、旅游发展、社会经济发展、市场需求的转化等多种因素的影响。 各个地区需要根据各自的优势和劣势条件，充分评估文旅融合的发展阶段和实质，制定高端的文旅融合发展战略，用以指导本地文旅融合的实质性发展，从战略层面形成差异性的文旅融合发展产品体系和地域体系。

二、文旅融合的初级阶段：资源融合，以文促旅

文化旅游的发展是文旅融合的初级阶段，主要表现为旅游目的地以现有或挖掘的文化资源为基础开发文化旅游产品。 其中文化旅游资源开发是最主要的表达形式，进而演化成为深入地挖掘地区文化旅游资源或增加现有旅游产品的文化内涵。

（一）"文化＋旅游"：文化旅游资源的识别与开发利用

在旅游资源的开发过程中，文化旅游资源以人文旅游资源的形式出现。1992 年试行的《中国旅游资源普查规范》将旅游资源分为自然和人文两大类型，两大类下又分为 6 类 74 个基本类型，其中人文旅游资源基本类型数量达到 48 个，占总数的 64.86％。 人文旅游资源包括古迹与建筑类（32 个基本类型）、消闲求知健身类（11 个基本类型）、购物类（5 个基本类型）。 随后，1997 年提出的《旅游资源分级分类系统修订方案》将旅游资源分为自然、人文、服务 3 个景系 10 个景类 95 个景型，其中人文和服务景系中的景型，累计 58 个，占总数的 61.05％，可见人文类旅游资源占旅游资源的绝对优势。 原国家旅游局于 2003 年、2017 年相继出台《旅游资源分类调查与评价》，其中人文类旅游资源在总量方面存在优势。

1.《旅游资源分类、调查与评价》（2003）

依据资源的性状，即现存状况、形态、特性、特征，对稳定的、客观存在的实体旅游资源及不稳定的但客观存在的事物和现象进行类型划分，分为"主类""亚类""基本类型" 3 个层次。 从主类上看，自然和人文旅游资

源各占一半；从亚类上看，人文类旅游资源占 45.16％；而从基本类型上看，人文类资源占比达到 54.19％（见表 3-1）。

表 3-1　《旅游资源分类、调查与评价》(2003)分类结果

主类	亚类及百分比	基本类型及百分比
A. 地文景观	5(16.13％)	37(23.87％)
B. 水域风光	6(19.35％)	15(9.68％)
C. 生物景观	4(12.90％)	11(7.10％)
D. 天象与气候景观	2(6.45％)	8(5.16％)
E. 遗址遗迹	2(6.45％)	12(7.74％)
F. 建筑与设施	7(22.58％)	49(31.61％)
G. 旅游商品	1(3.23％)	7(4.52％)
H. 人文活动	4(12.90％)	16(10.32％)

2.《旅游资源分类、调查与评价》(2017)

2017 年底，原国家旅游局出台《旅游资源分类、调查与评价》(GB/T 18977—2017)标准用以代替 GB/T 18972—2003 版本。 新版本对旅游资源分类做了继承性修编，对分类层次和类型进行了简化，对旅游资源主类的排序和名称做了个别调整，将原主类的第五类"遗址遗迹"和原第六类"建筑与设施"前后移位，分别改为第六类和第五类；将"水域风光""遗址遗迹""旅游商品"分别改为"水域景观""历史遗迹""旅游购品"；旅游资源亚类设置了 23 个，比原亚类总数减少 8 个，取消重复类型，进行同类归并，名称也随之做了调整；旅游资源基本类型为 110 个，比原来基本类型总数减少了 45 个，主要改变为同类归并，科学吸纳和整合相关物质和非物质遗产资源，名称也随之做了相应调整。 改版过的《旅游资源分类、调查与评价》中人文类旅游资源亚类占 43.48％，基本类型占 60.91％，基本类型的百分比提升 12.40％（见表 3-2）。 可见，在旅游产业发展过程中，文化类旅游资源在旅游活动开发中的地位日益提升，且存在明显的演化特性。 随着社会经济的发展，文化的内涵和对文化的需求不断变化，进一步驱动文化旅游资源内涵的提升或新类型的出现，文化类旅游资源在未来的旅游活动中的地位进一步提升，也进一步代表了地方旅游发展的后劲因素。

表 3-2　《旅游资源分类、调查与评价》(2017)分类结果

主类(8)	亚类(23)			基本类型(110)		
	数量	百分比(%)	数量增减	数量	百分比(%)	数量增减
A.地文景观	4	17.39	—1	17	15.45	—20
B.水域景观	5	21.74	—1	13	11.82	—2
C.生物景观	2	8.70	—2	8	7.27	—3
D.天象与气候景观	2	8.70	0	5	4.55	—3
E.建筑与设施	3	13.04	—4	39	35.45	—10
F.历史遗迹	2	8.70	0	8	7.27	—4
G.旅游购品	3	13.04	+2	15	13.64	+8
H.人文活动	2	8.70	—2	5	4.55	—11

(二)以高级别的文化旅游吸引物为融合载体

文旅融合的初级阶段依托现有文化旅游资源开发，"点"式高吸引力的文化旅游景区成为主要的融合载体。在中国的旅游发展实践中，世界文化遗产地、历史街区、民族旅游地、古镇旅游地等为这一阶段的主要产品形式，具有深厚文化底蕴的区域发展成为具有高吸引力的文化旅游景区。

1.世界文化遗产地

1972 年，联合国教科文组织在世界文化遗产总部巴黎通过了《保护世界文化和自然遗产公约》，成立联合国教科文组织世界遗产委员会，其宗旨在于促进各国和各国人民之间的合作，为合理保护和恢复全人类共同的遗产做出积极的贡献。截至 2019 年，联合国教科文组织世界遗产委员会会议已经举办了 43 届。1987 年 12 月至 2019 年 7 月，中国已有 55 项世界文化和自然遗产被列入《世界遗产名录》，其中世界文化遗产 37 项、世界文化与自然双重

遗产4项、世界自然遗产14项。中国近四分之三的世界遗产属于文化遗产范畴，其中长城被列为世界新七大奇迹之一。此55处世界遗产地成为重要的旅游景区（见表3-3）。

表3-3　中国的世界文化遗产

类型	名称	地域	时间
世界文化遗产	长城	黑龙江、吉林、辽宁、河北、天津、北京、山东、河南、山西、陕西、甘肃、宁夏、青海、内蒙古、新疆	1987.12
	莫高窟	甘肃	1987.12
	明清皇宫	北京故宫,北京 沈阳故宫,辽宁	1987.12 2004.07
	秦始皇陵及兵马俑坑	陕西	1987.12
	周口店北京猿人遗址	北京	1987.12
	布达拉宫（大昭寺、罗布林卡）	西藏	1994.12
	承德避暑山庄及周围寺庙	河北	1994.12
	曲阜孔府、孔庙、孔林	山东	1994.12
	武当山古建筑群	湖北	1994.12
	丽江古城	云南	1997.12
	平遥古城	山西	1997.12
	苏州古典园林	江苏	1997.12
	天坛	北京	1998.11
	颐和园	北京	1998.11
	大足石刻	重庆	1999.12
	龙门石窟	河南	2000.11
	明清皇家陵寝	明显陵（湖北）、清东陵（河北）、清西陵（河北） 明孝陵（江苏）、十三陵（北京） 盛京三陵（辽宁）	2000.11 2003.07 2004.07
	青城山—都江堰	四川	2000.11

类型	名称	地域	时间
世界文化遗产	皖南古村落（西递、宏村）	安徽	2000.11
	云冈石窟	山西	2001.12
	高句丽王城、王陵及贵族墓葬	吉林、辽宁	2004.07
	澳门历史城区	澳门	2005.07
	安阳殷墟	河南	2006.07.13
	开平碉楼与村落	广东	2007.06.28
	福建土楼	福建	2008.07.07
	郑州"天地之中"历史建筑群少林寺（常住院、初祖庵、塔林）、东汉三阙（太室阙、少室阙、启母阙）、中岳庙、嵩岳寺塔、会善寺、嵩阳书院、观星台	河南	2010.8.
	元上都遗址	内蒙古	2012.6.29
	中国大运河	北京、天津、河北、山东、河南、安徽、江苏、浙江	2014.6.22
	丝绸之路	长安—天山廊道的路网（河南、陕西、甘肃、新疆）	2014.6.22
	土司遗址	湖南、湖北、贵州	2015.7.4
	鼓浪屿:历史国际社区	福建	2017.7.8
	良渚古城遗址	浙江	2019.7.6
世界文化景观遗产	庐山	江西	1996.12.6
	五台山	山西	2009.6.26
	杭州西湖	浙江	2011.6.24
	哈尼梯田	云南	2013.6.22
	花山岩画	广西	2016.7.15
世界文化与自然双重遗产	泰山	山东	1987.12
	黄山	安徽	1990.12
	峨眉山—乐山大佛	四川	1996.12
	武夷山	福建	1999.12

2. 历史街区

历史街区是指文物古迹比较集中，或能较完整地体现出某一历史时期传统风貌和民族地方特色的街区。 我国正式提出"历史街区"的概念，是在1986 年国务院公布第二批国家级历史文化名城时，"作为历史文化名城，不仅要看城市的历史及其保存的文物古迹，而且还要看其现状格局和风貌是否保留着历史特色，并具有一定的代表城市传统风貌的街区"。 成立于 2008 年"原建设部"于 1985 年提出（设立）的"历史性传统街区"，旨在对文物古迹比较集中，或能较完整地体现出某一历史时期传统风貌和民族地方特色的街区等予以保护。 作为受保护的历史街区，同样具有较高的旅游吸引力。 在中国旅游业发展过程中形成的各具特色的历史文化旅游街区，是旅游活动的集中地，也是各地的旅游地标区域。

中国历史街区类文化主题景区数量众多，在旅游业发展过程中起到举足轻重的作用。 为了进一步推进城市文化和对文化遗产保护，经原文化部、国家文物局批准，由中国文化报社联合中国文物报社分别于 2009—2013 连续五个年度举办十大中国历史文化名街的推介与评选活动，共 50 条历史街区入选（见表 3-4）。 2015 年 4 月 21 日，为了更好地保护我国优秀历史文化遗产，完善历史文化遗产保护体系，进一步做好历史文化街区保护工作，住房和城乡建设部、国家文物局在各地推荐的基础上，经专家评审和主管部门审核，决定公布包括北京市皇城历史文化街区等 30 个街区为第一批中国历史文化街区。 中国历史文化名街评选活动由国家非政府机构（中国文化报社、中国文物报社和中华民族文化促进会）组织，旨在对全国各地的历史文化街区进行宣传。 中国历史文化街区是由相关国家政府机构（住房和城乡建设部和国家文物局）组织开展的一项认定工作，旨在保护城市中风貌完整、传统建筑集中、历史文化遗产丰富的历史文化街区，是我国历史文化名城、名镇、名村、各街保护管理工作的一个重要组成部分。 历史名街、历史街区的评选与认定，进一步凸显了文化内涵，为旅游活动的开展提供更多的资源和设施条件，也显示了品牌效应。

表 3-4　历史街区评选

时间	评选	街区
2009	第一届十大"中国历史文化名街"	北京国子监街、平遥南大街、哈尔滨中央大街、苏州平江路、黄山市屯溪老街、福州三坊七巷、青岛八大关、青州昭德古街、海口骑楼老街、拉萨八廓街
2010	第二届十大"中国历史文化名街"	天津五大道、无锡清名桥、重庆磁器口、上海多伦路、扬州东关街、苏州山塘街、齐齐哈尔昂昂溪罗西亚大街、北京烟袋斜街、福建漳州古街、泉州中山路
2011	第三届十大"中国历史文化名街"	山西省晋中市祁县晋商老街、江苏省无锡市惠山老街、上海市徐汇区武康路历史文化名街、福建省长汀县店头街、广东省潮州市太平街义兴甲巷、安徽省黄山市歙县渔梁街、贵州省黔东南州黎平翘街、浙江省杭州市清河坊、河南省洛阳市涧西工业遗产街、云南省大理州巍山彝族回族自治县南诏古街
2012	第四届十大"中国历史文化名街"	福建省厦门市中山路、四川泸州尧坝古街、西藏江孜县加日郊老街、中国历史文化名街—屯溪老街、陕西省榆林市米脂古城老街、江苏省南京市高淳老街、山东青岛小鱼山文化名人街、浙江省临海市紫阳街、吉林省长春市新民大街、广东省深圳市中英街、安徽黄山市休宁县万安老街
2013	第五届十大"中国历史文化名街"	广东省广州市沙面街、上海市静安区陕西北路、河南省濮阳县古十字街、江西省上饶市铅山县河口明清古街、安徽省宣城市绩溪县龙川水街、广东省珠海市斗门镇斗门旧街、福建省石狮市永宁镇永宁老街、广东省梅州市梅县区松口镇松口古街、江苏省泰兴市黄桥老街、四川省大邑县新场古镇上下正街
2015	第一批中国历史文化街区	北京市皇城历史文化街区、北京市大栅栏历史文化街区、北京市东四三条至八条历史文化街区、天津市五大道历史文化街区、吉林省长春市第一汽车制造厂历史文化街区、黑龙江省齐齐哈尔市昂昂溪区罗西亚大街历史文化街区、上海市外滩历史文化街区、江苏省南京市梅园新村历史文化街区、江苏省南京市颐和路历史文化街区、江苏省苏州市平江历史文化街区、江苏省苏州市山塘街历史文化街区、江苏省扬州市南河下历史文化街区、浙江省杭州市中山中路历史文化街区、浙江省龙泉市西街历史文化街区、浙江省兰溪市天福山历史文化街区、浙江省绍兴市蕺山（书圣故里）历史文化街区、安徽省黄山市屯溪区屯溪老街历史文化街区、福建省福州市三坊七巷历史文化街区、福建省泉州市中山路历史文化街区、福建省厦门市鼓浪屿历史文化街区、福建省漳州市台湾路—香港路历史文化街区、湖北省武汉市江汉路及中山大道历史文化街区、湖南省永州市柳子街历史文化街区、广东省中山市孙文西路历史文化街区、广西壮族自治区北海市珠海路—沙脊街—中山路历史文化街区、重庆市沙坪坝区磁器口历史文化街区、四川省阆中市华光楼历史文化街区、云南省石屏县古城区历史文化街区、新疆维吾尔自治区库车县热斯坦历史文化街区、新疆维吾尔自治区伊宁市前进街历史文化街区

3. 民族文化类主题文化旅游产品

我国是多民族国家，少数民族达 55 个之多，众多的少数民族具有各自鲜明的地域民族文化特征。 民族分布呈现大杂居、小聚居的总体空间特征，其中汉族主要分布在东部地区，少数民族分布广，但相对集中在西南、西北和东北地区，尤其是西南地区。 位于中国西南部的云南、贵州、广西、四川、西藏等地都是多民族省区，共有 30 多个少数民族集中分布在此。 西南地区也凭借少数民族淳朴的民风、独特的地域文化，诸如农耕、游牧、节庆、服饰、饮食起居、婚丧、建筑、语言文字、宗教信仰等民族资源特色，发展成为民族文化旅游地。 云南省民族旅游区最为典型，昆明海埂民族村、西山、金殿、大观楼、滇池、石林、阿庐古洞、九乡彝族回族乡、西双版纳傣族村寨等均是著名的旅游区。 西北、东北等少数民族集中分布区也发展成为重要的民族文化旅游目的地。

4. 文化古城古镇古村

1982 年 2 月，为了保护那些曾经是古代政治、经济、文化中心或近代革命运动和重大历史事件发生地的重要城市及其文物古迹免受破坏，"历史文化名城"的概念被正式提出。 根据《中华人民共和国文物保护法》，"历史文化名城"是指保存文物特别丰富，具有重大历史文化价值和革命意义的城市。 国务院于 1982 年、1986 年和 1994 年先后公布了三批国家历史文化名城，共 99 座，此后不断进行增补，截至 2018 年 5 月 2 日，总计 135 座国家历史文化名城①。

中国历史文化名镇名村，是由原建设部和国家文物局从 2003 年起共同组织评选的，指的是保存文物特别丰富且具有重大历史价值或纪念意义的、能较完整地反映一些历史时期传统风貌和地方民族特色的镇和村。 这些村镇分布在全国 25 个省份，包括太湖流域的水乡古镇群、皖南古村落群、川黔渝交

---

① 数字统计来源于百度检索。

界古村镇群、晋中南古村镇群、粤中古村镇群,既有乡土民俗型、传统文化型、革命历史型,又有民族特色型、商贸交通型,基本反映了中国不同地域历史文化村镇的传统风貌。 至 2018 年底,已经认定的名村 487 个,名镇 312 个[①]。

三、文旅融合的发展阶段:产业融合,耦合发展

随着文化产业的发展,旅游产业和文化产业出现交叉,两者进行系统耦合,形成具有文化产业和旅游产业双重属性的耦合型产品。 旅游产业与文化产业之间通过相互渗透、相互交叉而形成新产业或新产业价值链的动态发展过程(桑彬彬,2012)。 这是文化产业和旅游产业发展到一定程度必然出现的阶段。 从文旅融合的时空演化来看,产业融合发展是文旅融合的中级阶段,也是发展阶段。 突破文化资源的开发瓶颈,伴随着文化产业的发展,文化产业和旅游产业边界交叉,形成耦合型产业,或出现兼顾文旅两大产业职能的新型业态(见图 3-2)。 能够衍生产业链的文化产业与旅游产业形成"文化—旅游耦合型产业",是文旅融合中级阶段的重要标志。

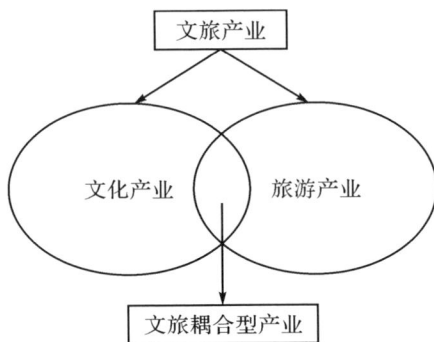

图 3-2 文旅耦合型产业

---

① 通过网络资料整理。

（一）文化—旅游耦合型产业形成基础

1. 系统耦合

耦合是一个物理学上的概念，是指两个或两个以上系统或两个运动方式之间通过各种相互作用彼此影响以至于联合起来的现象。耦合各方经过物质、能量、信息的交换而彼此约束、选择、协同和放大。在系统科学领域，耦合是系统之间及其运动方式的互动。耦合现象出现的前提是耦合各方存在相互关联或作用，耦合的结果是参与耦合的个体属性发生了变化。耦合是两个实体相互依赖于对方的一种形式和量度，这种相互依赖程度的结果可以产生正负双方面的作用。在需要模块进行独立运作时，要素之间复杂的、高强度的耦合，会导致系统功能减弱或失控；相反，若利用模块、要素之间的耦合作用使其演化成为一个新的复杂系统，则可能产生正向耦合作用。系统进化有耦合和内生两种模式，耦合模式是指两个或多个低层次系统相结合而形成高层次系统的进化方式，而内生模式是指低层次系统通过它本身的内在发展而转变为高层次系统的进化方式。

2. 文化—旅游耦合型系统的提出

文化产业和旅游产业均具有耦合于其他产业的特性，文化和旅游的本质关联决定了旅游产业和文化产业之间存在极强的关联性，具备了发生耦合的前提条件。文化和旅游业边界融合特征明显。在地区产业生态系统演化过程中，文化产业和旅游产业的发展趋势必然是实现良性耦合，形成超越单个产业的复合产业系统，即"文化—旅游耦合型产业系统"。文化和旅游这两大产业的良性耦合发展能够充分体现文化和旅游活动的本质属性，同时也能够协调两大产业独立发展所产生的利益冲突。

（二）文化—旅游耦合型产业系统特性

文化产业和旅游产业具有边界交叉性，文化产业和旅游产业相互促进，两者有机结合能够提升各自的生命力与竞争力；文化产业与旅游产业良性耦

合是地区产业生态系统发展的必然要求；文化产业、旅游产业都是地区产业
生态系统的成员，两者互动发展成为更高级别的复合产业系统，是地区产业
生态系统演化的必然趋势；突破产业边界，相互嵌入式发展是实现文化产业
和旅游产业互动的表现；产业基地、产业集群、社区—产业集群综合体是"文
化—旅游耦合型产业系统"良性运转的主要途径；培育复合产业基地、多元产
业集群、主题社区—产业集群综合体等形式的经济增长实体是"文化—旅游耦
合型产业系统"的最终目标。

文化产业、旅游产业的特性及相关性决定了文化—旅游耦合型产业系统
具备以下特性：

①整体性。 由文化产业和旅游产业构成的耦合型产业系统具备整体的特
征。 在文化—旅游产业系统内部，作为子系统的文化和旅游不是独立的，而
是相互作用、相互影响、相互制约、耦合形成具有特定结构和功能的有机整
体，形成具有文化和旅游双重要素和功能的综合型产品。

②开放性。 文化内涵的广泛性、旅游资源的可挖掘性、旅游需求的动态
变化性等特征使得文化—旅游产业系统是个开放的系统。 新的文化要素、新
的旅游活动均可不受限制地融入文化—旅游产业系统，而且随着要素内涵的
增多，整个系统的活力和生命力越强，要素越单一，生命力和活力越弱。

③复杂性。 文化产业、旅游产业本身具有较强的关联性，且易受到外界
环境因素的影响，文化—旅游产业系统比单个的文化产业和旅游产业更为复
杂，涉及的影响因素更多，因素之间的作用更为错综复杂。

④多目标性。 文化产业和旅游产业有各自的行业目标、运行机制和产品
内涵，两者耦合成的新系统要同时满足文化事业和文化产业发展目标、旅游
产业发展目标。

⑤系统演化性。 由于旅游产业最为密切的文化产业率先形成文化—旅游
耦合型产业，随着时间的推移，更多的文化产业融入系统，整个系统具有由单
一向综合发展的演化特性。 文化产业中的影视、动漫等具备率先形成耦合产
业的特性。

（三）文化—旅游耦合型产业系统良性运转影响因素

"文化—旅游耦合型产业系统"的构建和良性运转受到众多因素的影响，其中最主要的因子可以归结为需求、供给、系统性能。从需求方面来看，受众对于这种耦合型产业系统产品需求是影响系统运转的最重要的因子；从供给来看，耦合型产品的规划、管理能够影响系统功能的正常发挥；从文化—旅游耦合型系统自身来看，文化和旅游产业的耦合程度将是最重要的因子。

①受众。文化—旅游耦合型产业所生产出来的产品的最终检验者将是市场受众。公众的需求心理、需求行为特征与趋势是"文化—旅游耦合型产业系统"是否能够形成和发展的关键因子。明确受众的需求特征，是文化—旅游耦合型产业发展的前提和基础，因此我们需要对受众进行充分的调查和分析，以形成具有需求基础的文化—旅游耦合型产品。

②规划。良好的规划能够引导文化产业和旅游产业向耦合方向发展，避免各自为政的局面。对文化和旅游产业的互动发展的理论基础、可行性进行充分研究，在大众需求现状和趋势的引导下，制订耦合型产品发展规划，这样做能够促进文化—旅游耦合型产业系统的良性运转和升级。

③管理。文化事业、文化企业、旅游企业及活动之间存在行业、权属等方面的分异，在发展过程中，必须采取有效的管理措施和手段才能保障系统的正常运转。同时，良好的管理也能引导大众需求向系统产出产品方面转换。

④机制。保障"文化—旅游耦合型产业系统"能够正常运转必须建立沟通两者之间利益关系的机制，使得整个系统实现"1＋1＞2"的系统输出，发挥耦合型系统各耦合方之间的协同效应，使得文化产业、旅游产业各自的属性得到增强。

四、文旅融合的提升阶段：地域融合，以文促域

文旅融合的高级阶段为地域融合，也是文旅融合发展的提升阶段。概念

的无边界性及市场需求的特性化驱使文旅融合由产业融合阶段转向地域融合发展阶段，主题型文旅地域的发展是文旅融合高级阶段的重要标志。

(一)文旅地域融合的特征

1.面状发展

文旅融合的高级阶段由早期的点状的文化旅游资源开发、中期的带状的文旅产业耦合演变成为文化主题区域的面状发展。 以地域本地及时代导向的文化主题为内涵，围绕文化主题发展成为具有 ICON、IP 效应的文化主题旅游地域强调的是"域"的概念，各个文旅主题地域在空间上构成面状发展格局。

2.创意导向

高级阶段的文旅融合中的"文"的内涵更倾向于创意设计，集合地域文化特征和需求文化特征的双重属性。 通过创意设计，使得地区具备了文化标志，并引领地域的整体发展，其基本表现为以地方或赋予的文化为主题进行地域化打造。

3.个性化

个性化是高级阶段文旅融合的另一重要特征。 寻求文化差异定位，进行个性化地域文旅发展。 通过打造和运营，在旅游者感知中形成个性化、地域化的旅游形象。 这种旅游形象与传统的旅游形象具有明显的差异性，传统的旅游形象往往是标志性资源引致的，文旅地域的旅游形象是由文化与地域的结合营造的整体形象。

4.综合型发展

文旅地域融合发展也表现为综合型发展，改变传统的旅游目的地吸引物相对集中在某一核心旅游资源层面的状态。 旅游者到访文旅地域的需求表现为多样化，游览、度假、购物、学习等多样化的动机引致文旅地域在发展过程中旅游产品的设计、设施的供给、服务的提供等方面得到提升。

（二）文旅地域融合的类型

根据文旅资源及文旅产业发展的差异，文旅地域化的空间发展表现为资源内生型、产业耦合型、创意导向型三种主要类型。

1.资源内生型文旅地域

针对文旅资源丰富的地域，其发展表现为文旅资源的深度开发。这是遵循以"资源—地域"为发展主线，以地域内的文旅资源为基础的开发模式。一般表现为文化旅游资源丰富的地区，在原来的文化旅游资源开发的基础上丰富旅游产品的内涵，延长产业链，由文化旅游资源的开发转向特色文旅地域的发展。

2.产业耦合型文旅地域

在文化产业发展较好的地域，遵循"产业—地域"的发展主线，延长文化产业链，发展文化产业和旅游产业耦合型的旅游产品，如影视旅游、动漫主题旅游等。这种发展模式对地区经济、资金投入、技术水平、受众需求等有一定的依赖性。

3.创意导向型文旅地域

以文化创造、创新为主要内容，从地域资源环境条件的适宜性出发，遵循"主题文化—地域"的发展主线，通过主题文化的创建发展成文旅地域，如文化创意园区等。这种发展模式需要进行高端设计。

（三）文旅地域融合的关键

文旅地域化的关键问题在于"主题"的营造和建设。可以基于地域资源内生形成地域文化主题，也可以通过引进外联文化创建和营造地域主题文化。以形成具有竞争力的主题为主要目标和出发点，进行文旅地域化产品、设施及服务的设计，包括主题相关的核心旅游产品及配套设施。文旅地域融合的发展最为关键的步骤是差异化的定位。地域化的发展不同于垄断式资源的开发，形成全域化的主题形象需要充分考虑地域差异化发展，能够在更大的区域内形成竞争优势，以实现全域化的文旅融合发展。

本章小结

文旅融合受到资源、产业、体制等多方面因素的驱动，具有典型的时空演化特性。文旅融合的早期阶段表现为文化旅游资源的开发，是文化和旅游融合的自发阶段，空间上呈现"点"状发展，形式表现为文化旅游产业和主题景区；文旅融合的中期阶段表现为产业融合，是旅游产业和文化产业的跨界融合，空间上呈现"域"的特性；文旅融合的高级阶段表现为地域融合，以挖掘文化要素促进文旅地域的空间发展，表现为"面"状特性。文旅融合也是一个复合系统，需要从体制和管理方面进行引导。

第二部分　浙江省影视产业与
旅游产业融合实践

影视产业不仅是文化产业的重要组成部分，也是影响大众生活的重要产业，同时与旅游业存在高度关联。影视产业与旅游产业融合发展是文旅产业融合的典型代表。此部分在分析影视产业和旅游产业融合理论问题基础上，以横店影视城为案例分析浙江省影视产业和旅游产业的融合发展过程与特征。

第四章　影视产业与旅游产业融合发展的
基础与矛盾

影视产业与旅游产业的融合发展遵循文旅融合的基本规律，同时具有自身的独特性。

一、影视产业与旅游产业的相关性

影视节目制作，即影视产业，是文化产业中最具有影响力、最具有活力的产业之一，也是发展最为迅速、与人们日常生活关系最为密切的一个文化产业领域。影视作品和旅游活动关系密切，影视产业和文化产业之间存在多重相关性（见图 4-1）。影视作品的制作、宣传、播放过程对旅游业均造成一定的正向影响。总体上看，影视产业在三个方面与旅游产业具有密切相关性：影视作品拍摄能够导致事件旅游、主题旅游等特殊兴趣旅游产品的诞生；影视道具的制作、影视场景的搭建能够形成新的旅游景区/景点，具有特定背景的景区也能够成为影视外景拍摄地；影片拍摄过程中的宣传、影视作品的播放能够促进外景地旅游形象的塑造和完善。

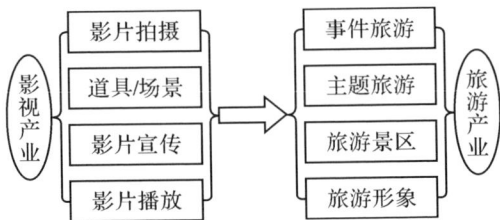

图 4-1　影视产业和文化产业的多重相关性

(一)影视拍摄作为标志性事件促进外景地旅游产业的发展

标志性事件是指一次性的或循环的、持续时间有限的事件，主要目的是在短期或长期加强大众对目的地的感知，增加大众对目的地的需求和目的地的经济收益，其成功依靠独特性、地位和适时意义所激发的兴趣与产生的关注度（Gaze，1997）。对于标志性事件是否包括一次性事件还存在一定的争议。其中 Gaze 认为标志性事件是重复性举办的，能与举办地融为一体，能使目的地具备市场竞争优势，加拿大安大略省（Ontario）斯特拉特福德（Stratford）小镇的莎士比亚节（Shakespearean Festival）、新奥尔良（New Orleans）的狂欢节（Mardi Gras）均表现出此特征（戴光全、保继刚，2003）。国外学者早已开始关注标志性事件的影响、规划与管理，Richie 即从经济、旅游/商业、自然、社会文化、心理和政治等方面探讨标志性事件的影响（Geoffery，1989），它在国内也是重要的研究领域，事件影响、事件管理、事件地理甚至形成了相对成熟的研究体系（戴光全、张洁，2015；戴光全、梁春鼎，2012）。

影视作品拍摄对于外景地来说具有标志性事件的性质和功能。 影视拍摄虽然最初的目的不是吸引游客到访拍摄地，但事实上起到了加强对拍摄地的感知、扩大旅游需求和促进收益的作用，而且影片的重复播映具备了循环事件的性质（Riley，1998）。 影视拍摄事件不仅能够促进外景地游客数量增加（Tooke，1996；Riley，1998；潘丽丽，2005），形象感知程度增强（Schofield，1996；Kim，2003；潘丽丽，2005；刘歆、廖静，2019），而且能够对外景地旅游接待业、目的地社区的发展产生重要的促进作用（潘丽丽，2005）。

大量事实证明，影视拍摄事件促进了外景地旅游产业的快速发展。 《盖茨堡》（Gettysburg）、《与狼共舞》（Dances with Wolves）等影片的上映也导致外景地游客迅速增加（Riley，1998），《哈利·波特》（Harry Potter）上映后出现了影迷包机到拍摄地旅游的现象。 《末代皇帝》掀起了北京紫禁城旅游热，《红河谷》掀起了西藏旅游热，《地道战》《小兵张嘎》掀起地道游热潮和白洋淀游热潮等（周晶，1999）。 横店、新昌等地由于影视拍摄和播映，旅游产业、旅游接待设施、目的地形象和社区均得到了快速发展（潘丽丽，2005）。 由于信息化的快速发展，热播综艺、热播电影等影视作品的拍摄地成为作品广泛传播时期内的热门旅游地。 2019 年 10 月 25 日，刚上映的《少年的你》不仅引起社会对学校霸凌现象的热议，而且给影片取景地重庆添了一把火——"电影里最火的不是主角或情节，而是拍摄背景——重庆！"《少年的你》电影上映后，重庆市南岸区海棠溪原本一栋 20 世纪 90 年代末的陈旧居民楼，作为主人公陈念家的拍摄点，成了各地游客的打卡地。①

（二）影视作品的制作、宣传和播放促进了影视旅游主题产品的诞生

电影、电视、文学作品、杂志、唱片、录像等能够增强游客的感知程度，对游客有一定的吸引力（Urry，1994）。 影视拍摄事件、影视拍摄场景、影

---

① 《〈少年的你〉陈念家成网红景点 外地游客前往打卡》，http://ent.sina.com.cn/m/c/2019-11-03/doc-iicezuev6920448.shtml。

片故事发生地均可成为旅游地重要的旅游吸引物。 Riley（1998）提出了影视旅游的概念，即"影视作品中的自然风景、故事情节、演员等均能给观众留下深刻印象和心灵的震撼，可以诱发观众到访影视作品拍摄地（即影视外景地），这种旅游可称为影视旅游（Movie-Induced Tourism）"。 我国学者近年来也提出了影视旅游的概念，主要有三种界定方法：

（1）供给角度的概念

刘滨谊、刘琴（2004）认为，影视旅游是以影视拍摄、制作的全过程及与影视相关的事物为吸引物的旅游活动。 这种概念的界定强调影视拍摄的标志性事件效应，把拍摄过程、拍摄制作、拍摄场景作为影视旅游产品要素。

（2）需求角度的概念

周晶认为，受电影拍摄地的自然风光、历史遗迹或文学作品的影响到电影的外景地的旅游都可称为电影旅游（1999）；吴丽云、侯晓丽（2006）认为，影视旅游是指人们由于受影视剧的影响而对影视拍摄地产生兴趣，进而到该地旅游的现象；吴普、葛全胜认为，影视旅游是指受到与影视拍摄、制作的全过程及相关事物的影响，到影视作品的外景拍摄地、影视制作室、与影视作品相关的主题公园（影视城），甚至那些被错误地识别为影视作品制作、发生地的旅游活动（2007）。 这些界定强调的是游客出游的动机和决策影响因素。

（3）供求角度的概念

王玉玲、冯学钢、王晓（2006）则完全从供求角度对影视旅游进行了界定："从供给的角度来看，影视旅游是指旅游经营者开发并利用电影电视的制作地点、环境、过程、节事活动，以及影视作品中反映出来的能够促进旅游的文化内容，经过策划宣传，推向旅游市场，以取得旅游需求满足和经营利益相一致的一种新的旅游产品类型；从旅游者角度来说，影视旅游是旅游者花费一定的时间、金钱和精力，通过对影视拍摄的场地、环境、过程以及由影视引申出来的旅游资源的游览、体验，来满足自己求新、求知、求奇等心理需求的旅游经历。"影视旅游不仅是一种特殊的旅游活动和产品，而且对旅游者来讲，也能通过外景地的旅游实现个性化的心理需求。 影视旅游是旅游个性化、产品深度化和体验化的有机融合，其出现也是影视产业和旅游产业互动发展的结果。 目前，影视旅游已经成为一项重要的主题旅游产品。 不仅是在影视主题公园，而且在一般的影视外景地，影视主题旅游产品也快速发展起来。

（三）影视产业和旅游景区发展之间的相关性

随着人们对影视娱乐需求的迅速增长，影视旅游产品的认可程度逐渐升高，两种类型的影视旅游地随之诞生和发展。 一是影视主题公园，即以影视拍摄场景、剧情为主题建设的主题公园，属人工建造的景观，例如横店影视城、无锡影视城等；二是既有的自然和人文景观地区作为影视剧的拍摄外景地而形成的影视旅游地，如浙江桃花岛、雁荡山，山西乔家大院等。

（1）影视主题公园

主题公园最初是在 1955 年由美国人沃尔特·迪士尼在美国洛杉矶建立的。 迪士尼乐园（Disneyland）的出现标志着主题公园的诞生。 主题公园是一种有特定的主题，以实体环境的塑造、运营、管理构成的舞台化的休闲娱乐活动空间，属于休闲娱乐产业。

主题公园具有下列特性（保继刚，1999）：

主题公园是一种产业，其投资建设是一种企业行为。

主题公园是一种休闲娱乐空间。

主题公园必须有特定且易于了解的主题；园中所有内容，包括实体环境的塑造、营运管理等都是在该统一主题之下构成的。

主题公园是一种非日常化的、戏剧性的舞台空间，让游客产生暂时摆脱现实时空的心理效果。

影视主题公园是主题公园的一种类型，在国内外主题公园发展史上占有重要地位。 主题公园的鼻祖——迪士尼乐园即以动画片的主人公为主题建设。 在中国，影视主题公园的发展和影视旅游的发展基本同步。 1987 年，中国最早规划建设的影视拍摄基地于无锡太湖之滨落成，这标志着中国影视旅游的正式兴起。 无锡影视基地建成后，随着《唐明皇》《武则天》《三国演义》《水浒传》等电视剧的热播，无锡旅游业得到了快速发展。 国内兴起了投资建设影视城的热潮，先后有 30 多家影视城投资兴建落成，如广东南海

影视城、山东威海影视城、河北涿州影视城等（刘滨宜，2004）。 东阳横店
影视城、宁夏镇北堡西部影城等也快速发展。

　　影视城在旅游产品、旅游形象方面具有鲜明的特征。 旅游产品中突出的
是影视作品的拍摄场景、道具等静态景观，同时开发了以热门影视为主题的
场景表演。 在旅游形象上，往往利用影视作品的拍摄作为渲染手段。

　　（2）作为外景地的影视旅游景区

　　非主题公园类型的影视旅游地具备影视外景地和旅游地的双重属性：一
方面，因其自然或人文旅游资源成为影视拍摄外景；另一方面，影视拍摄使其
增加影视旅游产品，并加深公众的感知程度，成为影视旅游景区。 这种景区
在旅游产品供给方面往往具有多样性，影视旅游仅是整个旅游地产品体系中
的一部分，除了影视旅游之外，景区还提供以优势的本地旅游资源为核心的
多样化旅游产品体系。 但是，影视要素在这种非主题公园式外景地的旅游发
展过程中还是发挥了重要的作用。 影视作品的拍摄和上映对于这类景区的发
展起到了标志性事件的作用和持续宣传的效应。

(四)影视产业和旅游地形象之间的相关性

　　旅游者进行旅游决策时把收集到的信息摄入脑中，形成对环境的整体印
象，这就是感知环境。 感知环境直接影响旅游者对目的地的认知与选择。 影
视作品的拍摄和播放过程中直接或间接地把拍摄外景地或故事相关地点的信
息传播给受众，增加了游客的感知机会，同时也塑造了旅游目的地的感知旅
游形象。 而且，随着影视产业的发展，这种影响将日益加深。 已有的学术研
究也证明影视作品和影视拍摄对旅游目的地形象具有重要的影响（Schofield，
1996；Kim，2000；潘丽丽，2005）。 影视外景地是杜撰的，但是参观外景
地却能使游客置身于"电影世界"。 由于影视作品，旅游地具有了一种不可
忽视的吸引力（Couldry，1998）。 影视作品在拍摄期间的宣传、影视作品的
上映都是在建构外景地旅游感知形象，进而使旅游者产生出游需求，推动出
游决策。

二、影视产业与文化产业互动发展存在的矛盾

影视产业与文化产业之间存在多处相互关联，这种关联为影视产业和旅游产业的良性互动发展提供了基础，但同时也会产生一定的矛盾。

（一）影片拍摄的隐秘性和旅游活动的参与性

旅游产品不同于一般商品的关键特征在于生产和消费的同时性。旅游者从客源地出发到达目的地，再返回客源地的过程即旅游产品生产和消费的过程。旅游产品不能经过贮存再进行销售。在旅游产品的结构中，旅游吸引要素占据重要地位，游客选择旅游目的地往往受到核心旅游吸引要素的影响。这种特点决定了旅游目的地的核心吸引要素对于游客来说必须是可及的，即能直接观赏、直接享受或感受。例如，黄山景区的云、石、松等景观均能给游客近距离接触的机会，美食等吸引要素更能让游客直接品尝。但是影视作品在酝酿或拍摄过程中相对来讲具有一定的隐秘性，制片人、导演在整部作品未成型之前出于严谨、商业目的及形成悬念效应会对媒体或公众进行信息封锁。而游客对在外景地的影片拍摄过程充满好奇，对知名导演、明星也具有观赏和近距离接触的期望。这就造成了影视产业和旅游产业之间的矛盾，游客期望近距离接触，而影视拍摄过程需要相对保密。如何处理两者之间的矛盾成为旅游外景地必须面对的问题。

（二）影视影响的时段性与旅游业发展的持续性

影视拍摄、影视作品的播放对于旅游目的地来讲具有标志性事件的作用，可以诱发旅游者出游动机，增强旅游形象。但是事件的影响具有明显的时段性特征，后时间效应已经得到了验证。"告别三峡游"的策划成功和后续旅游业发展的下降即是很好的证明（保继刚，2002）。影视拍摄在外景地持续的时间短则几日，长则几月，影视剧播放的时段性也非常明显。一般一部影片对外景地的影响基本维持在 4—5 年（Riley，1998）。外景地旅游业

的发展不同于影视作品拍摄，需要持续的旅游吸引力和长期的旅游经济效益。如何利用时段性的影视要素发展持续性旅游成为外景地旅游业发展的关键。

（三）影视场景的重复/暂时利用与旅游形象的相对稳定性

影视作品的拍摄在场景方面一般有两种方法，一是为某部作品搭建新的场景，作品拍摄之后或废弃或拆除，如《情癫大圣》剧组于湖北大九湖湿地搭建的宫殿、《无极》于香格里拉搭建的场景，拍摄之后即废弃，如《满城尽带黄金甲》于横店秦王宫搭建的菊花台，拍摄之后便拆除；二是在既有的场景之上略做改动，使之成为新的拍摄场景，如宫殿、庙宇的场景多为重复利用，横店影视城的明清宫苑、秦王宫等景区均是多部剧作的拍摄场景。旅游地的形象是游客对目的地总体或某方面的感知印象，在一定时段内具有相对稳定性。例如，杭州的西湖、苏州的园林、北京的故宫都是游客对其感知印象的一部分，旅游地形象也与这些标志性景区有一定的关联性。苏杭的天堂形象历经多年的发展还是牢牢树立在游客的环境感知之中。影视外景地旅游形象的树立就有一定的局限性，影视作品甚至是影视巨作，拍摄相对较快且相对隐蔽，影视作品上片率也相对集中在一定的时段，对建立稳定的旅游形象增加了一定的难度。

（四）影视产业与旅游产业产品消费的相对独立性

从产业范畴看，影视产业和旅游产业均属于文化产业范畴，但是从产品的特性来看，两者有着本质的不同。影视产品的生产和消费是两个独立的过程，生产先于消费，和普通商品一样，产品经过生产，流通到市场进行消费。而旅游产品具有生产和消费的同时性，旅游产品的生产和消费同时发生，只有游客离开居住地到达旅游目的地，旅游产品的生产和消费才能真正发生。旅游产品不能储存。这种本质差异使得影视产品和旅游产品的消费相对独立，需要很好的产业融合措施。

三、影视产业与文化产业实现良性融合发展的关键

影视产业与旅游产业存在相关性，但同时两者之间又有相对独立性，两者的发展也存在一定的矛盾。要实现两者的融合发展，关键的措施在于充分利用两者的内在相关性，解决其间的矛盾，形成两者之间的良性互动，构造影视产业和旅游产业的融合发展模式。

（一）发展主题旅游产品

充分利用影视作品拍摄、影视作品播放的标志性事件作用，外景地大力推出相关的主题旅游产品。作为影视拍摄的外景地应该充分利用一些知名大片的拍摄机会，适时推出主题旅游产品。其中可以包括以静态场景为基础的主题旅游，如以曾经拍摄的大片为主题元素，为游客提供回顾影视作品场景的机会；还可以以动态场景为基础发展影视主题旅游产品，例如，影视拍摄过程中的观赏、影视拍摄过后的场景模拟或再现。影视主题旅游产品开发过程中要同时注意两个问题：其一是稳定性，即在某一时段利用某部公众感知和关注程度较高的影视作品发展主题旅游产品，不能更替过于频繁；其二是时效性，影视作品的影响具有一定的时段性，在充分了解公众感知热点的基础上，适时更新影视主题旅游产品的内涵和范畴。

（二）适时营销，增强影视产业和旅游产业的关联性

标志性事件对事件举办地的影响较大，能够增加大众对外景地的感知印象，是旅游者出游决策的主要推动因素之一。但是标志性事件的影响具有明显的时效性，外景地必须及时利用影视拍摄这一标志性事件进行目的地营销，以增强旅游者对外景地的印象感知，树立旅游目的地形象。

（三）建立利益协调机制，避免冲突

针对影视拍摄的相对隐秘性和旅游活动参与性的矛盾，可以建立协调机

制，避免影视制作和旅游业发展之间的冲突。 这种协调机制可以建立在共享
利益的基础之上，影视产业制作过程适当向游客开放，满足游客对影视制作
的好奇心，同时旅游业的发展不能影响到影视作品的拍摄和制作。 可以建立
相关组织机构，专门负责协调外景地影视制作和旅游活动之间的矛盾，与剧
组协商，将隐秘性要求相对较低的拍摄环节或场景向游客开放，增加游客与
明星之间的互动。

(四)发展多样化旅游产品体系

影视拍摄事件、影视作品的播放对游客出游的推动具有时效性，影视产
业与旅游产业的融合发展需要以影视拍摄事件和影视作品为契机，同时需要
在开发影视主题旅游产品的同时发展多样化的旅游产品体系。 其主要原因在
于影视动机虽然是游客主要的出游动机，但游客同时还具有其他动机，影视
动机的满足不代表完全满足了游客的旅游期望，应依托影视与旅游产业的特
性发展更多产品，如主题餐饮、度假、娱乐产品、购物等。

(五)适时转型,实现由产业融合转向地域融合

单纯的影视产业与旅游产业的融合产品较为单一，主要吸引要素为影视
拍摄事件，其效应的时效性明显。 影视与旅游产业的融合为文旅融合的第二
阶段，融合产品发展相对单一。 应在借助影视拍摄事件发展影视旅游产品的
同时注重向地域融合发展，将影视主题发展为地域 ICON，将游客感知形象中
的影视作品转换为地域 IP，形成具有影视主题特征的旅游目的地（见
图 4-2）。

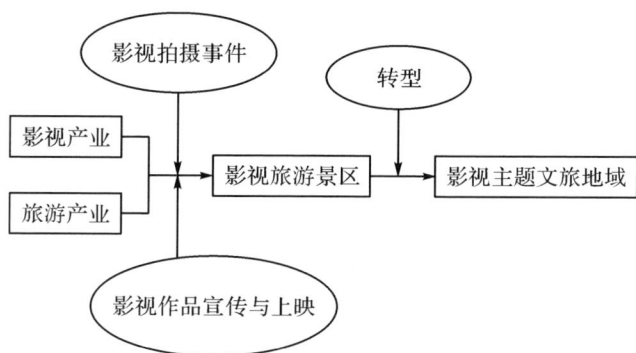

图 4-2　影视与旅游融合发展过程

本章小结

　　影视产业是典型的文化产业，与旅游业关联密切。影视拍摄带动外景地旅游业的发展，促进影视外景地旅游形象的形成，依托影视产业可以开发影视主题旅游产品。同时，影视产业的拍摄和旅游活动的开展也存在一定的矛盾，影视产业和旅游业融合过程中需要在开发主题产品的同时做好利益协调的工作，也需要适时利用影视拍摄及影视作品实现外景地向综合型旅游地的转变。

第五章 浙江省影视产业与旅游 产业融合发展实践

一、浙江影视产业与旅游产业融合发展概述

(一)浙江省影视城型拍摄基地

浙江省在文旅产业融合发展过程中在全国处于领先地位。 作为文旅融合中级阶段的产业融合率先表现在影视产业发展的过程中，影视—旅游耦合型产业以影视城的形式率先发展，再在文旅产业融合的基础上进行转型，由产业融合向地域融合转变，在全国具有极强的示范效应。

浙江省共有影视城 6 座，分别为横店影视城、象山影视城、湖州影视城、永康西溪影视基地、嘉兴南北湖梦都影视基地、金华市永康市方岩影视城。[①]

1. 横店影视城

由十几个分布在浙江省东阳市横店镇内外的大小景点组成的影视拍摄基地统称为横店影视城。 其主要景点有明清民居博览城、秦王宫、清明上河图、梦幻谷、大智禅寺、明清宫苑、广州街·香港街、屏岩洞府、华夏文化园、圆明新园等。 横店影视城是中国最大的影视拍摄基地，被誉为"中国好莱坞"。 在此拍摄的知名影视作品有《鸦片战争》《荆轲刺秦王》《无极》

---

① 《盘点浙江十大热门影视取景地》，http://baijiahao.baidu.com/s? id＝1641130084 134070264&wfr＝spider&for＝pc。

《寻秦记》《英雄》《宫》《步步惊心》《鹿鼎记》《仙剑奇侠传》《甄嬛
传》《花千骨》《伪装者》《我和我的祖国》等。

2. 象山影视城

位于宁波市象山县新桥镇，是中国十大影视基地之一，是由江湖小镇、玄
幻世界、星梦工场、武侠天地、民国城区五大功能区组成的单一景区的影视
城。象山影视城呈现秦汉、唐宋、明清、民国时代的建筑风貌，相继接待拍
摄了《神雕侠侣》《赵氏孤儿》《西游记》《大轰炸》《四大名捕》《王的盛
宴》《琅琊榜》《芈月传》《三生三世十里桃花》等影视作品。

3. 湖州影视城

位于湖州市吴兴区太湖路，是以影视拍摄服务为主，兼具观光旅游、文化
娱乐、休闲度假等功能的旅游景区。影视城始建于2015年，整体涵盖了各朝
代的标志性建筑，目前已建造完成"民国城""蜜月长廊""楼外楼""和平
饭店""梦上海""十里秦淮"等影视拍摄基地。"民国城"主要景点有上
海滩、教堂广场、小北街、四马路、石库门、汪精卫公馆、转角楼等。拍摄
作品有《楼外楼》《那年花开月正圆》《远大前程》《艳势番之新青年》《建
军大业》等。

4. 西溪影视基地

位于浙江省永康市西溪镇，是以影视拍摄服务为主，兼具观光旅游、文化
娱乐、休闲度假等功能的大型综合性旅游区。基地核心区块位于西溪镇寺口
村，辐射圈包括与寺口村相邻的桐塘村、西山村、下里村、上坛村、上塘头村
等。主要景点有樟树林、水木居、秦汉军营、大通客栈、铁血战壕、黑鹰山
寨、民国街、蝴蝶谷等。西溪影视基地又被称为"永康西藏"，森林覆盖率
85%，内有百亩古樟树林、百亩新梯田以及山坡、峡谷、溪流等原生态资源，
适合剧组外景本色拍摄。在西溪影视基地取景的有电视剧《游击英雄》《猎
刃》《武神赵子龙》《无心法师》《秦时明月》《寂寞空庭春欲晚》《传奇大
亨》《老九门》《国士无双黄飞鸿》《楚乔传》等。

5. 南北湖梦都影视基地

位于浙江省嘉兴市海盐县澉浦镇，是由四方城拍摄景区和烟波峡拍摄景区两个部分组成的民国时代拍摄基地。 其中四方城拍摄景区是一条颇具民国风情的街区，景区内建有兰馨大饭店、茗雅轩茶楼、永生珠宝行、上海华安保险公司等各式各样民国时期的标志性建筑。 烟波峡拍摄景区同样颇具"民国范"，景区依山而建，由多个小场景组成，包括清风寨、北方民居、情报处大楼等，以配合不同场景的拍摄。 拍摄作品有《新雪豹》《光影》《狐影》《士兵突击之勇者奇兵》《黎明决战》《手枪队》《伪装者》《探王》等。

6. 方岩影视城

又名石鼓寮影视城，位于浙江省金华市永康市方岩镇橙麓村，始建于2002 年，是以影视拍摄服务为主，兼具观光旅游、文化娱乐、休闲度假等功能的综合性旅游区。 方岩影视城是一个山清水秀、石怪峰奇，颇具田园风光的景区。 景区内洞、溪、石俱全，山石峥嵘，是一座天然石雕博物馆，主要由小镜湖、水榭、影视街区等多处影视拍摄景观组成，共 72 个单体仿古建筑。 该地 2002 年拍摄过《天龙八部》，之后拍摄过《汉武大帝》《大汉天子》《醉拳》《大宋提刑官》《女医·明妃传》《班淑传奇》《香蜜沉沉烬如霜》《新少林寺》《功夫之王》等。

(二)浙江省非影视城型拍摄外景地

浙江省除了 6 座知名影视城型拍摄基地以外，还有以旅游景区为基础的非影视城型拍摄外景地，如西溪湿地、新昌、神仙居、仙都。①

1. 西溪湿地

位于杭州市西湖区天目山路，距西湖不到 5 公里。 生态资源丰富、自然

---

① 《盘点浙江十大热门影视取景地》,http://baijiahao. baidu. com/s? id=1641130084134070264&wfr=spider&for=pc。

景观质朴、文化积淀深厚，曾与西湖、西泠并称杭州"三西"，被称为"杭州之肾"，是集城市湿地、农耕湿地、文化湿地于一体的国家湿地公园。 为中国第一个国家湿地公园试点工程，有烟水渔庄、秋雪庵、西溪水阁、梅竹山庄、深潭口、西溪梅墅、西溪草堂、泊蓭等景点。 这里成为影视拍摄基地源于影片《非诚勿扰》的拍摄，之后《机器侠》《富春山居图》《饮食男女2》《隋唐英雄》《美好的时代》《淑女的品格》《相爱穿梭千年》等都曾在此取景拍摄。

2. 新昌

新昌是隶属绍兴的一个县级小城，位于绍兴市东南部。 这里山水掩映，树林中回荡着佛音；这里风光无数，骚人著有数篇诗章。 独特的地理环境造就了新昌独一无二的秀丽山水和众多名胜古迹，如新昌大佛寺、穿岩十九峰、千丈幽谷、重阳宫、十里潜溪、七盘仙谷、天烛湖等。 众多的影视作品，尤其是古装影视作品，如《西游记》《笑傲江湖》《射雕英雄传》《少林武王》《凤求凰》《宝莲灯》《白蛇传》《神雕侠侣》《书剑情侠柳三变》《知否知否应是绿肥红瘦》《飞天舞》《无影剑》等都在此拍摄。

3. 神仙居

位于台州市仙居县白塔镇，以西罨幽谷为中心，形成峰、崖、溪、瀑景观。 典型的流纹岩地貌，景观丰富而集中，奇峰环列，山崖陡峻。 神仙居有迎客山神、将军岩、睡美人、象鼻瀑、十一泄飞瀑等80余个景点。 独特的自然美景吸引了众多影视剧组来此取景，《天龙八部》剧组在仙居神仙居等景区进行为期1个多月30多场戏的拍摄。 此外，电视剧《神话》《新笑傲江湖》《轩辕剑》《追鱼传奇》《兰陵王》等，电影《功夫之王》、新版《白发魔女传》等，均在神仙居取景。

4. 仙都

位于浙江省丽水市缙云县仙都街道鼎湖村，是一处以峰岩奇绝、山水神秀为景观特色，融田园风光与人文史迹为一体，集观光、避暑、休闲和开展科学文化活动为一体的国家级重点风景名胜区。 境内九曲练溪，十里画廊，山水飘逸，云雾缭绕，包括仙都、黄龙、岩门、大洋山四大景区和鼎湖峰、倪翁洞、小赤壁、芙蓉峡等 300 多个景点。 仙都景区一直受古装剧导演的青睐，被赞誉为"天然摄影棚"。 于正版《神雕侠侣》在仙都景区拍摄外景；2013年版《笑傲江湖》就在仙都黄帝祠宇开机，并拍摄近 2 年。 此外，这里也曾是《阿诗玛》《杨门女将之女儿当自强》《绝代双骄》《天龙八部》《汉武大帝》《古剑奇谭》等数十部影视剧的拍摄基地。

上述十大影视拍摄基地类型明显。 一种为已有景区附带外景地功能，影视产业对其的影响主要表现为影视拍摄事件对旅游的促进作用，影视产业与旅游产业的融合发展相对单一；另一种是影视城型外景地，影视是其产生和发展的重要因素，又有单一旅游景区和复合旅游景区构成的拍摄基地之分，体现影视产业和旅游产业融合发展典型的是由众多景点构成的影视城型拍摄基地，以横店影视主题公园最为典型。 本章将重点针对横店影视城进行分析。

二、横店影视和旅游融合的起步与发展

横店影视城位于有"江南第一镇"之称的浙江省东阳市横店镇，由横店影视城有限公司负责经营管理。 横店影视城有限公司是中国特大型民营企业横店集团的子公司。 横店影视城是典型的主题公园型产业融合发展案例，由影视产业和旅游产业的有机融合逐步实现文旅主题地域发展。

横店影视城拥有广州街·香港街、秦王宫、清明上河图、明清宫苑、梦幻谷、梦泉谷等 10 多个影视拍摄基地（景点），有龙景雷迪森庄园、贵宾楼、丰景嘉丽大酒店、国贸大厦、旅游大厦、影星酒店等从五星级到商务经济型酒店 50 余家，以及影视管理服务公司、汽车运输公司等 10 多个服务于影视与旅游的子公司。 直接从事影视和旅游服务的员工有 5500 多人。 横店影视城以影视拍摄基地为依托，以影视文化为内涵，以旅游观光为业态，以休闲娱乐为目的，将影视旅游作为一个新兴的产业加以发展，现已成为全球规模最大的影视拍摄基地，被称为"中国好莱坞"。 横店影视城地处浙中黄金旅游线

上，是亚洲地区规模最大的影视拍摄基地，经过 20 多年的发展，实现了影视产业和旅游产业的良性融合，正在向文旅地域融合转变。官网显示，2019 年横店影视城已累计接待了 1300 余个中外影视作品在横店的拍摄。

（一）横店影视与旅游融合的诞生与发展

1. 起点：广州街拍摄基地

20 世纪 90 年代中期，以高科技工业发展而著称的全国特大型乡镇企业横店集团提出了"开发文化力，促进生产力"的思路，着手改善职员工作和生活环境，投资兴建度假村、文化村、体育馆、影剧院、博物馆、纪念馆，这些设施在改善环境、吸引人才的同时，也吸引了不少的旅游者（孙是炎，2001）。但当时旅游业发展相对缓慢，并没有发展成为具有吸引力的旅游地，直到1996 年才出现了转机。1996 年 8 月，集团投资兴建了占地 20 多万平方米的"19 世纪南粤广州街"作为影片《鸦片战争》的拍摄基地，通过实景建筑来展现 19 世纪 40 年代前后的羊城旧貌。拍摄期间，大批游客蜂拥而至，围绕影片拍摄的群众演员组织，住宿、餐饮等服务业迅速发展（孙是炎，2001）。横店集团由此看到了影视文化对旅游、商贸和餐饮等第三产业的带动作用，继而于 1998 年 9 月建成占地 13 万多平方米的香港街，整个布局利用荒野坡地优势进行设计，分布着皇后大道、香港总督府、维多利亚兵营、汇丰银行、上海公馆和翰园等 19 世纪香港中心城区的众多街景。广州街·香港街建成后拍摄了《鸦片战争》《伪装者》《麻雀》《倾城之恋》《一触即发》等知名影视作品，成为横店影视产业发展的起点，也是影视和旅游融合发展的起点。

2. 发展：影视主题公园的建设

从 1996 年的广州街拍摄基地建设开始，横店走上了影视主题公园的发展之路。1997 年建造《荆轲刺秦王》拍摄基地——秦王宫景区，1998 年建成香港街、清明上河图景区，1999 年建成江南水乡景区。无数具有影响力的影视大片于横店各拍摄基地拍摄，从历史巨片《鸦片战争》开始，已有《荆轲刺秦王》《汉武大帝》《英雄》《无极》《满城尽带黄金甲》《黄石的孩子》《投名状》《功夫之王》《木乃伊 3》《琅琊榜》《芈月传》《美人心计》《陆贞传奇》《武媚娘传奇》等影视作品在横店影视城完成主场景的拍摄。截至 2017 年底，拍摄作品 2100 多部。由发展历程来看，影视拍摄是促进旅游发展的关键因素，尤其是 1996 年《鸦片战争》的拍摄是横店旅游的爆发点，是横店影视产业发展的起点。横店由广州街拍摄基地开始建设成为别具一格的影视主题公园群。横店影视产业的发展已经由最初的外景地发展成为具有相当规模的影视主题公园群，被美国影视界最权威的杂志《好莱坞报道》称为"中国好莱坞"。横店影视城以影视拍摄基地为依托，以影视文化为内涵，以旅游观光为业态，以休闲娱乐为目的，将影视旅游作为一个新兴的产业加以发展，致力于中国超大型影视旅游主题公园的建设，使之成为活色生香、独具魅力的梦幻之城、快乐之都。横店影视城发展概览见表 5-1。

表 5-1　横店影视城发展概览

年份	横店大事记
1996	为拍摄献礼巨片《鸦片战争》建造了第一个影视拍摄基地——广州街景区
1997	为拍摄历史巨片《荆轲刺秦王》建造秦王宫景区
1998	建成香港街、清明上河图景区
1999	建成江南水乡景区 被美国影视界最权威的杂志《好莱坞报道》称为"中国好莱坞" 承办首届"中国农民旅游节"
2000	为吸引更多的海内外剧组前来横店影视城拍摄，横店影视城所有场景对影视拍摄免收场租 由原国家旅游局有关负责人带队的"创建优秀旅游城市"检查团来到横店，何光暐为横店题词"中国农民旅游城" 横店影视城被原国家旅游局授予首批"国家 AAAA 级旅游区"称号
2001	整合横店集团下属所有影视拍摄基地、星级宾馆，与影视拍摄、旅游接待服务相关的 20 余家企业为横店集团浙江影视旅业有限公司 张艺谋电影《英雄》在秦王宫景区拍摄
2002	相继建成了 12 个影视拍摄基地和 2 座超大型的现代化摄影棚。统一管理运营制景、道具、服装、化妆、车辆、设备租赁、演员队伍等配套服务 开发了杭州超山、磐安花溪、浦江神丽峡等自然风景区
2003	被评选为"浙江省十佳最具吸引力的旅游景区"之一 横店集团浙江影视旅业有限公司正式更名为浙江横店影视城有限公司

续　表

年份	横店大事记
2004	被国家广电总局批准为中国唯一的国家级影视产业发展基地,浙江横店影视产业实验区正式挂牌 隆重举行"第八届中国国际儿童电影节" 举办"2004 年中国横店影视博览会" 陈凯歌电影《无极》在秦王宫景区拍摄 全年接待游客 205 万人次
2005	从 1996 年至 2005 年共接待电影、电视剧摄制组 333 个,共拍摄电视剧 6958 集 全年接待游客 306 万人次
2006	截至年底共接待国内外剧组 376 个,全年接待游客 395 万人次 横店影视城被评为"全国旅游系统先进集体" 公司"以学习促进提高,以学习带动管理",建设学习型企业 秦王宫景区多媒体梦幻剧《梦回秦汉》炫亮上演,其高科技含量堪称国内领先 全新改版的横店影视城网站启用,网站形式多样、内容丰富,是全国一流的企业网站 7 月 8 日至 9 日,中国影视产业高峰论坛在横店举行,公司荣膺"中国十大影视拍摄基地"称号
2007	全年完成营业收入比上年同期增长 21%,利润比上年同期增长 33%。全年接待游客 478 万人次,同比增长 21% 被原国家人事部和原国家旅游局授予"全国旅游系统先进集体"荣誉称号,这是全国获此殊荣的唯一民营企业 在第十届上海国际电影节上被评为"中国最具特色影视基地" 在中国旅游经济发展高峰论坛上荣膺中国十佳会议旅游企业金鸥奖 被评为"浙江最值得去的 50 个景区"之一
2009	被认定为"浙江名牌" 被确定为浙江省文化产业示范基地
2010	原国家旅游局正式授予横店影视城"国家 AAAAA 级旅游景区"称号
2011	游客人次突破 1000 万 接待影视剧组 150 个
2012	被确定为"全国旅游标准化示范单位"
2013	推出 4 台大型演艺节目《紫禁大典》《龙帝惊临》《小鸟加油》《秦淮八艳》,至此横店影视城拥有 23 台规模不一、形式多样、精彩纷呈的旅游演艺节目,成为名副其实的"中国旅游演艺之都"
2014	"休闲横店"项目小组正式成立 CCTV 中国品牌价值评价信息向全球独家发布横店影视城品牌价值为 42.59 亿元
2015	累计接待游客突破 1 亿人次

年份	横店大事记
2016	入选中国特色小镇
2017	主导制定的《影视拍摄基地服务标准》上升为国家标准在全国推广 横店影视产业园、梦外滩景区、广州街·香港街景区休闲化提升项目、梦泉谷温泉度假区等重点大型项目建造完成 累计拍摄影视剧 2100 多部 横店影视正式登陆上海证券交易所

资料来源：根据横店影视城官方网站整理，网址为 http://www.hengdianworld.com/。

3. 横店影视主题公园群的继续发展

横店在建造大型影视拍摄基地主题公园的同时，也在景区发展和产品建设方面不断创新。比较典型的是横店太阳城。横店太阳城属于横店旅游业发展的第二期景区，包括明清民居博览城、华夏文化园、合欢谷、九龙大峡谷（以上 4 个景区又称为华夏文化城）、红军长征博览城、中国革命战争博览城、国防科技教育园（以上 3 个景区又称为红色旅游城）、龙山佛景（与花木山庄一起称为生态休闲城）。横店太阳城与横店影视城一样，既是一个股份有限公司，又是一个旅游行业管理机构，管理着十几个旅游景区、宾馆和旅游服务企业，由横店"四共委"（徐文荣卸任横店集团董事局主席、总裁后，成立了横店共创共有共富共享工作委员会，简称"四共委"）投资建设。

横店太阳城所属景区，就其内涵来说，可以分为四大文化系列——政治文化、华夏文化、山水文化、科技文化。

①政治文化系列：有红军长征博览城、中国革命战争博览城、国防科技教育园、军事训练基地、开国将帅馆等景区和长征宾馆。这里已经成为全国规模最大的民营红色旅游景区。开放以来，已经获得了国家、省、市级的 30 多个荣誉称号，如"全国青少年爱国主义教育示范基地""全民国防教育先进单位""中国红色旅游十大景区""国家 4A 级旅游景区""浙江省爱国主义教育基地"等。"红太阳"是横店太阳城红色旅游的象征，开展革命传统教育，让广大人民群众特别是青少年树立革命理想，让红色文化的阳光普照大地。

②华夏文化系列：有华夏文化园、瑶台胜境、明清民居博览城、圆明新园等景区。横店人以大手笔、大气魄，用智慧和艺术，为游客开辟了一条时空隧道，让人们在历史长河畅游，汲取精华，获得真知和乐趣。在漫长的历史岁月里，我们的祖先用勤劳和智慧创造了辉煌灿烂的中华文明，为我们留下了宝贵的历史文化遗产。经过数千年的积淀，华夏文化形成了我们华夏民族的风骨和气度，培育了我们的民族品德和精神，成为维系所有中华儿女的精神纽带。华夏文化，就像一轮"金太阳"，照耀着上下五千年的祖国大地，也照耀着横店太阳城的旅游景区。

③山水文化系列：有合欢谷游乐园、九龙文化博览园、花木山庄、龙山佛景和占地3000多万平方米的省级森林公园等景区。徐文荣提出"城在山中，水在园中，房在林中，林在草中，人在花中"的口号，在青山峡谷之中造路、造景、造水、造房，让昔日的荒山充满了灵气。横店太阳城的各个景区，人文景观与自然景观和谐结合，相得益彰。走进这些景区，只见林木葱郁，泉幽石奇，景色宜人。它们是巨大的"天然氧吧"，是江南的"香格里拉"，是广大游客亲近自然、益寿健身的山水"大观园"。横店太阳城，与青山绿水相依，生机勃勃，春意盎然，充分体现了祖国传统文化中的山水文化。

④科技文化系列：横店太阳城的各景区都设有以现代高科技手段为依托的游客参与性娱乐项目。明清民居博览城有4D动感影院，其在立体电影基础上引入座椅晃动、吹风、喷水、飞雪等特技。红军长征博览城有湘江之战场景，飞机在天空回旋、俯冲，枪炮声山鸣谷应，浮桥上红、白两军轮番冲杀，江面上炮弹爆炸、水柱冲天，全方位再现了当年那场血战的惨烈景象。国防科技教育园有天地一体化现代战争馆，卫星、导弹、舰艇、飞机、火箭，你来我往；发射、进攻、拦截、轰炸、爆炸，天摇地动；声、光、电，三维幻象，展示了高科技战争的全过程。还有合欢谷的环幕影院、玫瑰花海，九龙文化博览园的火山地震、东海龙宫，中国革命战争博览城的梦幻飞毯影院，华夏文化园的动物世界，圆明新园展馆的虚拟现实，古民居的古墓探险，等等。这些都是横店旅游的新亮点。

太阳城的建设使横店的影视拍摄基地和旅游景区均突破了单一性，为更多的影视剧组提供了更为广阔的题材作品拍摄基地，也为游客提供了更丰富

的旅游产品。 同时，横店进一步拓展影视拍摄基地的范畴，与更多的旅游景
区联合，建设更多的非主题公园式的外景基地和旅游景区，如 2002 年开发了
杭州超山、磐安花溪、浦江神丽峡等自然风景区。

（二）旅游产品中的影视要素

从横店旅游景区发展的历程来看，影视要素占据重要地位；从旅游产品
的构成来看，影视要素对产品产生的作用更强。 横店各旅游景区的旅游产品
以静态的观光和动态的表演相结合，其中静态的观光以横店影视城为代表，
广州街·香港街、秦王宫、清明上河图、明清宫苑、大智禅寺、屏岩洞府等景
区均是重要的观光景点，梦幻谷景区的前身——江南水乡也是观光旅游的好去
处。 这些景点是重要的影视拍摄基地，大量的影视剧组在此拍摄；同时，各
景区均有以拍摄过的影视题材为主题的场景表演，而且这种表演具有明显的
时段性，往往配合当时热播的、在横店拍摄的影视作品。 如 2008 年"十一"
黄金周，横店影视城广州街·香港街景区的表演包括禁烟选秀、黄飞鸿、魔幻
风情、怒海争风、枪战等节目；清明上河图景区有包公迎宾、虹桥断案、汴梁
一梦、宋提刑乱点鸳鸯谱、杨门女将、我来当"宋慈"、与你同录、聊斋惊悚
场景剧等表演节目；秦王宫景区有秦王迎宾、英雄比剑、梦回秦汉、昆仑救倾
城、始皇登基大典等节目。 其涉及的知名影视作品有《荆轲刺秦王》《英
雄》《大宋提刑官》《无极》《满城尽带黄金甲》等。 至 2019 年，各景区的
表演活动发生明显的变化，各景区保留一些体现主题或经典的影视作品演艺
活动，一些不再热播的影视作品相关的演艺活动已经不再安排（见表 5-2 至表
5-6 ）。

表 5-2　广州街·香港街 2008 年十一黄金周节目演出安排

时间	节目	地点	时间	节目	地点
8:30	禁烟选秀	三味堂	13:00	禁烟选秀	三味堂
9:00	黄飞鸿	刑场	13:30	黄飞鸿	刑场
	魔幻风情	伊丽莎白演艺场		魔幻风情	伊丽莎白演艺场
9:30	怒海争风	维多利亚水域	14:00	怒海争风	维多利亚水域

续　表

时间	节目	地点	时间	节目	地点
10:10	魔幻风情	伊丽莎白演艺场	14:30	枪战	毕打街
	枪战	毕打街			
10:40	怒海争风	维多利亚水域	15:00	怒海争风	维多利亚水域
11:10	超级审审审	刑场	15:40	魔幻风情	伊丽莎白演艺场

资料来源:横店论坛 http://www.hd177.com/。

表 5-3　2008 年清明上河图景区"十一"黄金周节目演出安排

剧目名称	表演时间		表演地点	备注
	上午	下午		
包公迎宾	8:00		景区门口	室外
虹桥断案	8:20	15:00 16:20	商业街	室外
汴梁一梦	9:00 10:30	13:30 15:30	开封府剧场	
宋提刑乱点鸳鸯谱	10:00	12:50 16:50	勾栏院	室外
杨门女将	10:00	14:30	点将台	室外
我来当"宋慈"		14:30	大宋提刑府	
与你同录	8:50 9:20	13:00 15:10 16:30	与你同录	
聊斋惊悚场景剧	8:00—11:00	12:30—16:30	聊斋惊魂	20 人以上入内观看

资料来源:横店论坛 http://www.hd177.com/。

表 5-4　秦王宫景区节目演出安排

节目名称	演出时间		演出地点	备注
秦王迎宾	上午	8:00	中宫门	雨天、雪天停演
英雄比剑		8:30 8:45 11:00	东偏殿	
梦回秦汉		9:10 10:30	西望楼	
昆仑救倾城		9:40	无极场景	
始皇登基大典	下午	13:00	99 级台阶	雨天、雪天停演
梦回秦汉		13:30 15:00 15:40	西望楼	
昆仑救倾城		14:00	无极场景	
英雄比剑		14:30 16:10 16:30	东偏殿	

注:该节目单演出时间含春节、清明节、三八妇女节、劳动节、端午节、中秋节、国庆节、元旦。
资料来源:横店论坛 http://www.hd177.com/。

表 5-5　明清宫苑景区节目演出安排

时间		节目内容	表演地点
上午	8:00	宫廷舞蹈	午门剧场
	9:00	百官朝拜	午门剧场
	9:00	明星见面会	具体以景区实际通告为准
	10:00—10:30 11:00—11:30	王者归来 (《满城尽带黄金甲》)	太和门
下午	13:00—13:30 14:00—14:30	王者归来 (《满城尽带黄金甲》)	太和门
	15:00	盛世庆典	午门剧场
	16:00	宫廷舞蹈	午门剧场

资料来源:横店论坛 http://www.hd177.com/,横店影视城 2008 年宣传资料。

表 5-6　梦幻谷景区节目表演与游乐项目营业时间

节目/游乐项目名称	表演/营业时间	演出/游乐地点	备注
海盗风浪 翻天覆地 摇滚排座 亚马快车 藏金秘窟 巨灵之屋 欢快蛙跳 了了城堡	16:30—20:20	梦文化村区域	1.本节目单适用时间为每年 3 月 1 日—6 月 20 日和 9 月 15 日—11 月 30 日； 2.每年的 12 月 1 日至次年 2 月 28 日为休园期，只开放江南水乡和横店老街区域； 3.若遇周末或节假日游客众多的情况，景区会安排《暴雨山洪》和《梦幻太极》加演，并更改节目演出时间，具体表演时间以游览当天景区的加演告示为准
勇探火山 地动屋摇	16:30—20:00		
空中悬人	18:00—19:00	远古行宫·瞭望台	
流动街头秀（周六）		梦文化村区域	
江南遗韵古乐会	18:30—21:30	横店老街下街头	
皮影戏			
魔术·舞蹈	18:50—19:15	老市基舞台	
秀色江南（周六）	18:50—19:10	水戏台	
暴雨山洪· 野舞火把节	19:30—19:55	凤凰山广场	
梦幻太极	20:30—21:10	梦幻太极舞台	

资料来源：横店论坛 http://www.hd177.com/。

（三）游客的动机与体验

横店影视城的游客从动机到体验都表现出比较明显的与影视要素相关的特性。游客到访横店影视城的动机可以从其发表于网络的游记内容中清楚地了解到。①

---

① 本项研究于 2007 年 4 月、5 月检索游记 46 篇，照片 452 张；于 2010 年 12 月和 2011 年 1 月搜索携程、途牛、微软旅游指南、中国旅游交易网、一起游、e 游天下、艺龙旅行网、网易旅游频道、游多多旅行网、中国通用旅游等知名旅游网站，筛选出与横店影视城内容一致或关联的完全公开的游记 295 篇，据此分析与游客动机和体验等相关的特点。

1. 横店影视城游客动机特点

横店影视城作为中国最为著名的影视主题公园，游客出游的主要动机与影视要素存在高度的相关性。基于网络游记的内容分析，表明横店影视城旅游者的主要动机可为印证、探星、体验和其他（见表5-7）。

（1）印证

来横店影视城的游客"印证"动机明显。游记中有"慕名而来""去看看传说中的横店""听说横店影视城是'中国好莱坞'，这次终于有机会去见证一下了"等话语。一部分是为印证影视剧中熟悉的场景或道具，如游记中有"这里是当初拍摄《寻秦记》的地方""终于看到'菊花台'了，只是不见菊花""终于把电视的画面与现实的场景衔接起来""尤其回忆起《寻秦记》片段，有一种时光交错的感觉"等话语，这种印证表现出明显的时间性，一般围绕当前的热播剧展开。

（2）探星

随着影视文化的传播，明星效应对游客出游造成日益强大的推动作用。在横店影视城，这种明星效应表现得最为突出。探星是横店影视城游客的特殊动机，主要是期待邂逅明星或追随喜欢的男女演员，大部分前来游玩的游客或多或少带有这一动机。"邂逅明星"是探星的表现之一。"邂逅心目中的明星偶像""如果够幸运能遇到明星那就更完美了"，这种是无目的的探星，出于对明星的好奇，只要来到横店遇到明星即为实现目标；"追寻喜爱的明星""为了能探班看到倾慕已久的ANDY""听说谢霆锋在拍戏，专门来看他的"等语句都表达出游客对自己喜欢的明星的期望，这种游客往往是某个明星的忠实粉丝，期望通过横店旅游见到自己喜爱的明星。

（3）体验

来横店影视城获得影视相关的体验是另一重要的动机，主要包括亲自参与影视拍摄，体验做演员的感觉，感受影视城的氛围和体验新的生活环境。"亲自参与影视剧拍摄，体验做演员"是一种体验的类型，游客希望通过横店之行体验一次影视拍摄，有"好想上一次电视啊""如果被哪个导演相中，当一回群众演员也是不错的"等话语；另一种是"感受影视城的氛围"，游客来横店"就想来体验一下横店影视城到底是什么样的""置身其中仿佛回到曾经熟悉的电视剧中",这种类型的游客主要是想体验影视拍摄的氛围。

（4）其他

虽然横店影视城游客动机主要集中于印证、探星和体验，但是其他旅游动机也比较明显，动机整体上是多样化的。游客到访横店同时存在放松、陪同亲朋等其他目的。表现为游客为了暂时摆脱日常的生活环境，置身其中，以期获得身心愉悦。

表 5-7　横店影视城游客动机编码系统

编码	子编码	出现次数	所占比例（%）	网络游记中的片段举例
H 印证	H1 慕名而来	52	51.49	"去看看传说中的横店""听说横店影视城是'中国好莱坞'，这次终于有机会去见证一下了"
	H2 印证影视剧中熟悉场景或道具	49	48.51	"这里是当初拍摄《寻秦记》的地方""终于看到'菊花台'了，只是不见菊花"
I 放松	I1 放松心情	29	63.04	"就是想去放松一下""习惯了城市的喧嚣想出去放松一下"
	I2 暂时摆脱繁忙的工作	17	36.96	"终于不用再趴在电脑前了""好不容易有了假期，赶紧扔掉手边的工作"
J 体验	J1 亲自参与影视剧拍摄，体验做演员	23	43.40	"好想上一次电视啊""如果被哪个导演相中，当一回群众演员也是不错的"
	J2 感受影视城的氛围	19	35.85	"就想来体验一下横店影视城到底是什么样的""置身其中仿佛回到曾经熟悉的电视剧中"
	J3 追求新的生活体验	11	20.75	"换了一个环境，总会有不同的感受""每年也就指望着这点假期可以感受一下外面的世界"
K 探星	K1 邂逅明星	38	76.00	"邂逅心目中的明星偶像""如果够幸运能遇到明星那就更完美了"
	K2 追寻喜爱的明星	12	24.00	"为了能探班看到倾慕已久的ANDY""听说谢霆锋在拍戏，专门来看他的"

编码	子编码	出现次数	所占比例（％）	网络游记中的片段举例
L 其他	L1 愉快的旅游经历	32	76.19	"上次去杭州觉得很开心，所以这次又跟他们一起出来""旅游是件非常快乐的事，去哪都可以"
	L2 陪别人	7	16.67	"好久没和家人出来玩了，这次有机会陪他们出来走走""被朋友拖出来的"
	L2 无特殊动机	3	7.14	"漫无目的""就是随便走走"

2. 旅游体验质量与场景的影视曝光程度有关

在横店影视城各个景区中，游客满意程度与各景区在影视剧作中的曝光程度以及影视作品的宣传等方面因素有关。游客主要选择游览横店影视城中的秦王宫、梦幻谷、清明上河图、明清宫苑和广州街·香港街，并且对这些景点的总体满意度较高。其中前往秦王宫、梦幻谷和清明上河图的游客满意度最高，前往明清宫苑和广州街·香港街的游客满意度略低，特别是广州街·香港街，部分游客觉得其游览价值比较低（见表 5-8 和表 5-9）。但游客对整个景区的建筑及氛围持比较积极的看法，除了表达建筑"宏伟"之外，还沉浸在别样的历史氛围当中，当然也有少数游客认为一切人造的景点终究没有历史文化的积淀，是不具备欣赏价值的，只能走马观花地看看。

游客对景区内的表演项目和游乐项目满意度都较高，但从对参与性的描述来看，并未与体验项目本身的满意度成正比，这可能是由于景区内的许多表演项目仅仅只能观看，游客并不能实际参与，虽然表演很精彩，但是在游客心里还是留下了遗憾。这也从侧面证明了旅游体验的复杂性，游客可能整体满意度较高，但并非对所见所闻都持比较正面的态度。

横店影视城的大部分游客都抱有探星（"看明星"）的动机，虽然横店影视城被称为"东方好莱坞"，几乎每天都有剧组在里面拍戏，但是游客见到明星的机会还是比较少的，特别是见到自己喜欢已久的明星就更难了。并且许多游客不仅希望见到明星，而且是怀揣明星梦而来，希望有机会"体验一下做演员的感觉"，但现实情况并非都能如愿，大部分游客失望而归。所以对于

"看明星"这一项，游客的满意度是偏低的。

表 5-8 游客体验质量影响因素编码系统

编码	子编码		出现次数	所占比例（%）	网络游记中的片段举例
P 交通	P1 满意		43	27.56	"挺方便的""几块钱跑这么远""三轮车到哪都行"
	P2 不满		113	72.44	"交通不方便""三轮车等私人车辆管理混乱""价钱乱开"
Q 设施	Q1 食宿	Q11 满意	83	33.88	"价格不贵""路边有几家土菜馆，菜色还行""酒店挺干净的"
		Q12 不满	162	66.12	"住宿环境差""饮食不够卫生，味道也不怎么样"
	Q2 服务设施	Q21 满意	9	100.00	"厕所好高档啊""每个景区都有免费停车的停车场，并且有保安与联防队员维持秩序"
		Q22 不满	0	0.00	无
R 景区	R1 景点	R11 满意	378	73.40	"秦王宫气势宏伟，还是蛮有意思的""梦幻谷里真的很不错"
		R12 不满	137	26.60	"没有观赏价值""没特色""里面的一切都是假的""梦幻谷一点也不梦幻"
	R2 建筑	R21 满意	194	70.04	"里面的建筑非常宏伟""明清宫苑按照故宫 1∶1 设计建造，很气派"
		R22 不满	83	29.96	"做工很粗糙""一点也不真实，实在太假了"
	R3 氛围	R31 满意	65	73.03	"置身其中，仿佛回到了古代""仿佛游走于电视剧中的古老街道，很有感觉"
		R32 不满	24	26.97	"整个一大山寨""都是仿的，怎么看都是假的"
S 服务	S1 导游	S11 满意	47	55.29	"我们的导游很热情""导游很周到地询问大家需要什么帮助"
		S12 不满	38	44.71	"警惕有的导游骗人的""导游把我们扔在一边，不管我们了"
	S2 工作人员	S21 满意	11	37.93	"服务态度还可以""很热情地告诉我梦幻太极在哪里表演"
		S22 不满	18	62.07	"感觉我欠了她似的""脸上没有任何表情"

续　表

编码	子编码		出现次数	所占比例(%)	网络游记中的片段举例
T 体验项目	T1 表演项目	T11 满意	88	73.33	"怒海争风很有气势""梦幻太极非常值得一看""暴雨山洪、梦幻太极都非常有意思"
		T12 不满	32	26.67	"里面的表演也很无聊""暴雨山洪没什么好看的"
	T2 游乐项目	T21 满意	104	86.67	"太好玩,太刺激""值得一玩""真是挺刺激的,下次还来"
		T22 不满	16	13.33	"跟欢乐谷没法比""游乐项目设置很普通"
	T3 参与性	T31 满意	29	51.79	"当了一回群众演员""里面大家围着火把跳舞,真好玩"
		T32 不满	27	48.21	"只能看看,没什么好玩的""许多表演项目要付钱的"
U 其他	U1 看明星	U11 满意	34	44.16	"第一次看到明星拍戏,好兴奋""正好赶上明星见面会,可以看明星了"
		U12 不满	43	55.84	"很遗憾没有见到任何明星""遇上几个剧组在拍戏,但都不让我们看,也不让我们拍"
	U2 门票价格	U21 满意	38	37.62	"联票价格还算合理""还蛮划算的,玩了这么多景点"
		U22 不满	63	62.38	"门票实在是贵""梦幻谷一个人要160元,也太不值了吧"
	U3 与同游者的关系	U31 满意	56	100.00	"一家人出来其乐融融""我跟我亲爱的老公踏上了旅途"
		U32 不满	0	0.00	无

表 5-9　横店影视城主要景点片段描述及评价

景点及评价		出现次数	网络游记中的片段举例
秦王宫		204	"来到第一个景点'秦王宫'""在秦王宫里逛、拍照片"
评价	满意	102	"鼎鼎大名的秦王宫""跟传说中的一样宏伟"
	不满	18	"秦王宫真没意思""做工很粗糙"

续　表

景点及评价		出现次数	网络游记中的片段举例
梦幻谷		206	"晚上是自费的梦幻谷""吃过晚饭,选了江南水乡的景点去看看"
评价	满意	109	"太好玩,太刺激了""值得一看"
	不满	16	"跟欢乐谷没法比""就是普通的游乐园"
清明上河图		191	"在清明上河图照了个集体照""我们第二站就是清明上河图"
评价	满意	70	"还是蛮有意思的""置身其中,仿佛回到了古代"
	不满	16	"都是假的,没有观赏价值"
明清宫苑		160	"就是缩小版的故宫""《还珠格格》《满城尽带黄金甲》都是在此拍摄的"
评价	满意	61	"非常宏伟""很气派"
	不满	49	"看故宫还不如去北京,干吗来看个假的"
广州街·香港街		120	"我们向最后一站广州街·香港街进军""下午去了广州街·香港街"
评价	满意	41	"还是挺有那个年代的感觉的"
	不满	38	"没什么特色""一点意思也没有,强烈建议大家放弃"
其他景点	义乌小商品市场	113	"义乌小商品市场非常大""这里的东西很多,只是不是想象中那么便宜"
	明清古民居博物馆	27	"明清古民居博物馆真没什么意思"
	大智禅寺	9	"离开了宾馆去了大智禅寺"
	屏岩洞府	18	"接着去的是屏岩洞府"
	神丽峡	16	"神丽峡果然跟它的名字一样美丽"

三、横店影视和旅游融合发展的中期困惑

横店影视城作为国内第一个影视产业实验区,借助影视拍摄、影视主题公园群、大型影视主题旅游区的建设,旅游业发展快速,但是在影视产业和旅

游产业融合的过程中，也存在一些问题。 本研究以 2007—2008 年期间的调查数据为主，分析横店在 1996—2019 年整体发展的中期阶段遇到的问题。

(一)游客影视体验不足

由横店旅游产品供给的特征和游客体验的特征分析可知，影视的要素在供需两方面均占据重要地位。 但是横店在发展过程中，游客在与影视相关的体验方面明显存在不足。 游客到访横店，总是希望见到剧组、明星，而在现实中这种希望往往得不到满足。 以 2008 年"十一"黄金周为例，横店有大批剧组在此拍摄，但基本在游客稀少的时段或夜间拍摄，在白天游客活动的场所中几乎没有任何剧组拍摄的场面，只能偶见部分剧组的车辆，或在景区关闭时见到道具、场景布置人员在相关拍摄场地进行前期准备工作。 如在秦王宫景区可见某剧组的车辆在搬运道具（见图 5-1），在广州街·香港街景区即将关门时，有剧组到现场进行晚间拍摄的准备，开始准备馄饨铺的碗、锅灶、青菜。 游客饶有兴趣地观看，并表达出希望观看和参与拍摄的愿望，游客询问"几点开始拍摄""要不要临时演员"（见图 5-2）。 网络游记分析结果及笔者调查均显示，游客对影视零距离的体验需求异常强烈，但是在旅游高峰季，整个景区很难见到剧组拍摄。 这种情况造成了游客影视旅游体验不能获得满足，甚至有游客在横店老街门口书写"不好玩的"（见图 5-3）。

图 5-1 秦王宫景区的剧组拍摄车辆

图片来源:笔者 2008 年实地考察拍摄。

图5-2　广州街拍摄基地游客、剧务与道具

图片来源:笔者 2008 年实地考察拍摄。

图5-3　横店老街游客涂鸦

资料来源:笔者 2008 年"十一"期间于横店老街门口拍摄。

(二)标志性事件的影响时效性明显

1996 年至 2008 年 10 月,已有 500 多部影视作品在横店影视城拍摄,《鸦片战争》《英雄》《汉武大帝》《满城尽带黄金甲》《投名状》《龙虎门》《画皮》《黄石的孩子》《功夫之王》《木乃伊 3》等中外优秀影视作品,都诞生于横店这个全球规模最大的影视城。 2007 年,横店影视城共接待中外影视剧组 83 个,创下历史新高。 而 2008 年 1 月至 11 月,已有 90 个中外影视剧组在横店拍摄,刷新了历史纪录。 2008 年起,横店影视城免费开放拍摄场景,赢得了中外剧组的好评。 2008 年 8 月 29 日,横店影视城网站发布"横店影视城摄影棚免费提供中外剧组使用"的消息后,引起了海内外影视

制作机构的广泛关注，联系要来横店影视城拍摄的剧组，已"排队"到了
2009 年 5 月。 2008 年 11 月就有 15 个影视剧组在此拍摄，如电影《天安门》
《二姐吞金》，电视剧《东方红》《仙剑奇侠传 3》《新安家族》《卧底将
军》《爱·盛开》《心远》《海峡往事》《江城令》《故梦》《带上婆婆嫁》
《戈壁剿匪记》《大瓷商》《战地浪漫曲》等剧组。 2009 年，高希希导演筹
备了大半年的长篇电视剧《三国演义》将在横店秦王宫拉开帷幕，胡玫导演的
长篇电视剧《孔子》也将赴横店拍摄。 《少年棋王》《云开日见》《追影》
《我的兄弟叫顺溜》《进城》等电视剧已经在横店影视城紧张地置景，将陆续
开机。

众多的影视作品中，《鸦片战争》被作为是横店影视与旅游产业互动发展
的源头。 "横店从这里起步"是对广州街·香港街景区的陈述（见图 5-4），
之后的《英雄》《无极》《满城尽带黄金甲》等大片的拍摄对横店影视城的旅
游业来说具有里程碑式的意义。 越来越多的剧组在横店拍摄，景区内某个景
点同时是多部作品的拍摄场景，游客也有不同的经历。 如有的游客拍了《满
城尽带黄金甲》的场景照片，有的游客在网络留言称"我去时在拍《无极》"
等。 如此多的剧组在拍摄，对游客来讲，影视城内景点的形象具有多变性。
受不同影片影响的游客对横店分别有各自的期望和体验。 而且，文献研究也
证明影视对外景地的旅游作用具有阶段性（Reley，1998）。 较为有影响力和
舆论关注度的大片，如曾经的《英雄》《无极》《满城尽带黄金甲》，一度引
起游客的高到访率和热议，但是这些影视作品的影响具有时效性。 如何利用
具有广大影响力的影视大片构建游客旅游市场，满足游客影视旅游体验，将
是横店借助影视产业发展旅游业的又一关键问题。

图 5-4　广州街·香港街景区门口

图片来源:笔者 2008 年实地考察拍摄。

(三)旅游业与影视产业的融合度不足

1996 年以后的 10 余年时间里,横店影视与旅游业同步发展,但从横店旅游业与影视产业发展的过程来看,相当长的时段内旅游产业和影视产业融合程度还不高,主要表现在游客、景区发展和剧组拍摄之间的利益关系上。游客希望近距离地欣赏拍摄场景和明星,景区为提升游客体验要利用影视发展旅游业,而剧组的拍摄具有隐秘性,因此三者必然产生矛盾。以 2008 年影响力较大的《满城尽带黄金甲》为例,2008 年 12 月 16 日,以"横店""黄金甲"为关键词搜索,找到相关网页约 59 页 900 篇,其中内容明显分为两大阵营。其一为介绍《黄金甲》剧组在横店的拍摄进展情况,其二为报道剧组和游客两者的矛盾。

2006 年 5 月张艺谋执导的电影《满城尽带黄金甲》(以下称《黄金甲》)从北京移师横店影视城,进行为期一个月的紧张拍摄。2005 年冬天开始,这部影片的前期筹备工作就已经在横店影视城悄然着手。2006 年春节过后,剧组更是在横店明清宫苑景区大张旗鼓地摆下"战场",搭建影片中最重要的外景。5 月初一座气势恢宏、规模浩大的皇城已在太和殿广场崛起,吸引了众多游客争相拍照留念。1 万多平方米的太和殿广场上已摆满了黄菊花,巨大的花海令人炫目。从太和殿到午门,从午门到承天门,这几座建筑的城楼都悬挂起了金黄色的大宫灯，造型别致、典雅，凸显了"张氏风格"①。《黄金甲》拍摄时正是横店影视城旅游旺季，加之景区适时依托影视拍摄进行的宣传，游客纷纷而至。但是该剧拍摄的私密性极强，要求景区在关键的拍摄时段进行封闭，景区近半数的主要景点关门谢客。于是由《黄金甲》引起的纠纷在游客、剧组、影视城三者间展开。影视城希望借助《黄金甲》作品的拍摄进行营销，提升品牌形象和感知度，其营销公司打出"带游客看《黄金甲》场景"的广告。而剧组拍摄过程中需要保密，《黄金甲》于横店拍摄期间为避免更多的信息曝光，80%的戏份是在夜间拍摄。游客则在新闻媒体和影视城的宣传下，带着"追星""看拍摄实景"等目标来到横店。于是三者之间矛盾重重。其中最大的争论即是《黄金甲》是否该向游客开放，当时《黄金甲》剧组转场横店租用明清宫苑拍摄，而横店影视城则散发广告册，并售卖已是剧组专用场地的明清宫苑旅游门票，希望借剧组来提升游客量，然而，《黄金甲》剧组的封闭拍摄让不少游客吃了"闭门羹"。游客观看影视拍摄的期望并没有得到满足，原定的明星见面会也没有兑现，于是抱怨"花了60元钱，什么都看不到"，游客想当然就把愤怒投向封锁拍摄的《黄金甲》剧组身上。但是《黄金甲》片方也满腹牢骚，认为其拍摄场景并不是旅游景点，游客干扰到正常拍摄工作。影视拍摄期间如何协调剧组和游客成为影视城的焦点话题。

(四)主题公园的特殊性导致的相关问题

横店影视城从性质上来看属于主题公园。主题公园具有投入大、门票价格高的特点，主题公园内部的产品也需要适时更新才能吸引游客。目前横店影视城的主题公园的这一特性表现得较为明显。以2008年10月的门票价格为例，横店影视城各景点的门票价格如表5-10所示：梦幻谷150元/人，清明上河图90元/人，秦王宫80元/人，明清宫苑80元/人，广州街·香港街70

---

① 《黄金甲》横店搭景 安保措施严密阻止拍摄,搜狐网站,娱乐频道 > 电影 Movie > 影坛动态 > 张艺谋《满城尽带黄金甲》> 影片追踪－张艺谋电影《满城尽带黄金甲》,http://yule.sohu.com/20060309/n242213435.shtml(笔者于2008年检索结果)。

元/人，大智禅寺 20 元/人，屏岩洞府 70 元/人，七景区通票 380 元/人，不含屏岩洞府的六景区联票正常价 330 元/人，不含梦幻谷和屏岩洞府的五景区联票 230 元/人。而在 2004 年，横店影视城的票价为 198 元（当时梦幻谷景区为江南水乡景区，非夜间开放，无目前的表演节目），还有部分游客可以办理 50 元/人的年卡。部分游客认为横店的门票价格较高，如有的网友指出"其实全是人造景点，门票贵，不太值得去"；网上关于横店的票价讨论，大部分游客表示门票太贵；在同程旅游网关于横店影视城的评论中也有不少关于票价和实际体验之间差距的论述（见表 5-11）。

表 5-10 横店景区票价一览（2008 年查询结果）

景区	挂牌价	备注
明清宫苑	80 元/人	
广州街·香港街	70 元/人	
秦王宫	80 元/人	
清明上河图	90 元/人	
大智禅寺	20 元/人	
屏岩洞府	70 元/人	含上下索道费，单购门票按 30 元/人计
梦幻谷	60 元/人	2007 年 9 月 30 日前
	150 元/人	2007 年 10 月 1 日起
浦江神丽峡	30 元/人	

1.联票

景区	挂牌价	备注
明清宫苑		
广州街·香港街	230 元/人	赠送大智禅寺门票
秦王宫		
清明上河图		

2.联票加梦幻谷

景区	挂牌价	备注
联票加梦幻谷	330 元/人	正常价
	280 元/人	冬季价

景区	挂牌价	备注
3.通票		

景区	挂牌价	备注
通票	380 元/人	包含清明上河图、秦王宫、明清宫苑、广州街·香港街、屏岩洞府、大智禅寺、梦幻谷景区

　　相对较高的票价，使得横店衍生出一些新的现象。 住旅馆可以购买相对便宜的景区门票，部分景区给拉客的人回扣，这样势必影响游客的体验。 另外，作为拍摄基地的景区之间的差异性相对小，加之票价高，游客一般选择有代表性的、有较高知名度的景区旅游。

表 5-11　游客的部分评论

19 楼网站 (http://www.19lou.com/forum-552-thread-11441188-1-2.html)	好贵啊,我以前一张年卡也就 50 块钱,想去几次就几次,想去哪里就去哪里啊! (hshajj) 好贵啊,去不起(独木桥) 贵(paizhanglang) 太贵了,本来想去的(yudian2004138)
同程旅游网 (http://www.17u.com/comment/s_c_detail_1540.html)	酸勺 2005-07-31 14:25:10:去了横店就有种受骗上当的感觉,门票太贵,又吃不好,景点也实在没啥好看的! 什么清明上河图,就门口还像样点,整一个豆腐渣工程! 那个什么屏岩洞府根本就没有可看的东西,没有山的气势,坐缆车看到的景象:几个大坑、几棵枯树,四周没有可看的景色 暖宝宝 2008-4-11 15:33:16:横店影视城如果没有剧组在那里的话其实是一个很无聊的景点,主要是东西都是假的,提不起我的兴趣。 bianer810601 2008-03-31 10:06:08:感觉门票是贵了点,影视城建得还可以,就是要看你挑选的是哪些,我个人不推荐香港街,没什么意思。 那的酥饼不错,买了好多 bbtiger2007-06-14 0:16:38:前段时间从上海自驾过去的,交通还算可以,不过义乌下了高速后车子比较多,当天晚上就去看了民族风情村,票价好贵啊,好像是 80 元/人,有点不值。 我们进去的时候是最后一场了,一会人就都散了,第二天参观了清明上河图,都是人造的景观,感觉没啥意思,于是中午就决定去更有自然风味的花溪风景区了。 入住的是携程上定的旅游大厦,性价比还可以

　　注:根据网上资料整理。

四、横店影视和旅游融合发展的提升与转型

经过 10 余年的调整，横店影视城影视产业与旅游产业进一步融合发展，影视与旅游融合型产品得到进一步提升，地域发展初步实现转型。 本节以文献研究为基本方法，以横店影视城官网（http://www.hengdianworld.com/）、各大旅游网站关于横店的宣传及游记的内容分析为基础，探讨横店影视城影视和旅游融合发展的提升与转型。

（一）减弱标志性事件的路径依赖

1. 演艺活动由影视拍摄事件转向景点主题

依托影视拍摄事件发展旅游业在横店的发展过程中是一大特色，但是在发展的早中期阶段，横店对影视拍摄事件的依赖过于明显，在各景点结合当下热播的影视作品痕迹突出。 这种路径依赖与事件影响的时段性相矛盾，不是可持续性的发展导向。 横店在后期发展过程中逐渐对景区旅游产品，尤其是动态影视旅游相关产品进行调整，减弱了对影视拍摄事件的路径依赖。 以景区演艺活动为例，至 2019 年 11 月，除了《英雄比剑》《武松救兄》还能见到《英雄》《三国》的痕迹，其余各演艺活动均结合各景点的特征进行重新安排，如秦王宫景区的《始皇登基》《秦王迎宾》等均是体现秦王宫主题的节目，与拍摄和热播的影视作品关联性不强，新增的梦幻谷景区则无影视拍摄的痕迹，均为根据其游乐主题设计的体验和观赏活动。 明清宫苑景区内的《清宫秘戏》《八旗马战》《紫禁大典》，明清民居博览城景区的《秦淮八艳》《金粉恋歌》，华夏文化园景区的《神往华夏》等演艺活动逐渐脱离对景区影视拍摄事件的依赖性，主打与景区主题相关的品牌演艺产品（见表5-12）。

表 5-12　横店主要景区演艺活动（2019）

景区	节目	演出信息
梦幻谷景区	梦幻太极	演出时间:20:00 演出地点:梦幻谷景区梦幻太极舞台
	暴雨山洪	演出时间:19:00 演出地点:梦幻谷景区凤凰山广场
	水上游乐项目	演出时间:19:00 演出地点:梦幻谷景区凤凰山广场
	江南遗韵古乐会	演出时间:18:00—19:30 演出地点:梦幻谷江南水乡
	小鸟加油	演出时间:17:30 演出地点:梦幻谷风景区凤凰山广场
秦王宫景区	英雄比剑	演出时间:09:00;11:00;13:00;16:00 演出地点:秦王宫东偏殿
	始皇登基	演出时间:10:00;15:00 演出地点:九十九级台阶
	龙帝惊临	演出时间:09:00—16:00 演出地点:秦王宫龙帝惊临剧场
	秦王迎宾	演出时间:08:00 演出地点:中宫门
	梦回秦汉	演出时间:09:00;14:00;16:00 演出地点:秦王宫景区西望楼
明清宫苑景区	清宫秘戏	演出时间:11:00;15:00 演出地点:明清宫苑景区湖广会馆
	八旗马战	演出时间:10:00;13:00 演出地点:明清宫苑演武场
	紫禁大典	演出时间:09:00;14:00 演出地点:明清宫苑景区西华门剧场
清明上河图景区	汴梁一梦	演出时间:10:00;11:00;13:00;14:00 演出地点:清明上河图景区开封府剧场
	笑破天门阵	演出时间:09:00;15:00 演出地点:清明上河图点将台
	武松救兄	演出时间:08:10;16:00 演出地点:商业街
	游龙戏凤	演出时间:11:00;13:00 演出地点:清明上河图景区游龙戏凤剧场

广州街·香港街景区	魔幻风情	演出时间:09:00;13:00;15:40 演出地点:伊丽莎白剧场
	大话飞鸿	演出时间:10:00;14:00 演出地点:广州街·香港街景区粤海剧场
	怒海争风	演出时间:11:00;15:00 演出地点:广州街·香港街景区维多利亚港
明清民居博览城景区	秦淮八艳	演出时间:10:30 演出地点:秦淮八艳剧场
	4D 影院	演出时间:08:30;09:30;10:30;11:00;13:00;14:00;15:00;16:00 演出地点:夫子庙
	金粉恋歌	演出时间:09:00;14:00;15:30 演出地点:古居戏院
华夏文化园景区	神往华夏	演出:09:00;10:30;15:00 演出地点:华夏文化园神往华夏剧场 2 楼

资料来源:百度检索与横店影视城官网(检索时间为 2019 年 11 月 15 日)。

2. 产品日趋主题公园化

横店经过多年的发展,逐步演化成具有中国历史文化特色的影视主题公园群,景点围绕中国各个时期的历史文化进行主题公园的静态和动态产品建设,增加了梦幻谷夜游、梦泉谷度假酒店,形成了集游览、娱乐、度假为一体的主题公园群。其门票价格上升明显,影视拍摄的重要基地如广州街·香港街、秦王宫、清明上河图等景点的门票价格较 2008 年翻了一番,增加了景区主题性质的演艺活动,摆脱影视作品的局限性,同时增加了夜游项目,主题公园的娱乐产业性质日益突出。游客也更加具有选择性,景区联票的选择性更强,推出 n+1 的票价方式,形成具有更多自由度、游玩时限更为合理的产品组合。横店影视城共有 13 个园区,可以购买 1 个景区、3 个景区、5 个景区或 6 个景区组合的门票(见表 5-13)。单景区门票价格相对较高,其中广州街·香港街 120 元/人、明清宫苑 170 元/人、秦王宫 170 元/人、清明上河图 160 元/人、华夏文化园 100 元/人、明清民居博览城 140 元/人、梦幻谷(夜

游)295 元/人、屏岩洞府 100 元/人、大智禅寺 20 元/人、红军长征博览城 50
元/人、圆明新园春苑 180 元/人、夏苑 260 元/人。 所以，游客一般情况下都
是选择 6 选 3 ＋梦幻谷 530 元套票。 2019 年底，横店影视城公布最新票价，
从 2020 年元月开始，推出特惠门票：一日游通票 270 元/人，可任选 3 大景区
（可选景区包括秦王宫、明清宫苑、清明上河图、广州街·香港街、梦外滩和
圆明新园春苑）；两日游通票为 420 元/人，可任选 5 大景区（可选景区包括
秦王宫、明清宫苑、清明上河图、广州街·香港街、梦外滩、圆明新园春苑和
夏苑）；三日游通票为 490 元/人，可通玩 8 大景区（可选景区包括秦王宫、
明清宫苑、清明上河图、广州街·香港街、梦外滩、圆明新园春苑和夏苑）。
虽然 2020 年采取最新优惠，但是总体上还是体现出主题公园门票价高的
特点。

表 5-13　2019 年横店影视城门票价格

票价类型	价格(元/人)	内容
秦王宫	170	
清明上河图	160	
圆明新园春苑	180	
圆明新园夏苑	260	
明清宫苑	170	
广州街·香港街	日景 120 夜景 80	
明清民居博览城	100	
梦幻谷(夜游)	295	
梦泉谷	118—158 (按季节差异收费)	
梦外滩	160	
屏岩洞府(含索道)	100	
国防科技教育园	80	
红军长征博览城	50	

续　表

票价类型	价格(元/人)	内容
3 大景点＋梦幻谷 (成人票)	530	秦王宫、明清宫苑、广州街·香港街、清明上河图、明清民居博览城、梦外滩,任选 3 个景点;梦幻谷(夜游),含景区演艺秀
2 大景点(成人票)	340	秦王宫、明清宫苑、广州街·香港街、清明上河图、梦外滩,任选 2 个景点,送大智禅寺门票,含景区演艺秀
1 大景点＋梦幻谷 (成人票)	325	秦王宫、明清宫苑、广州街·香港街、清明上河图、梦外滩,任选 1 个景点;梦幻谷(夜游),含景区演艺秀
5 大景点＋梦幻谷 (成人票)	610	清明上河图、秦王宫、明清宫苑、广州街·香港街、梦泉谷、梦外滩,任选 5 个景点;梦幻谷(夜游),含景区演艺秀
5 大景点(成人票)	480	清明上河图、秦王宫、明清宫苑、广州街·香港街、梦泉谷、梦外滩,任选 5 个景点,送大智禅寺门票,含景区演艺秀

资料来源:根据横店景区宣传资料及网站资料整理。

注:单个景区门票当天有效;2 景点＋梦幻谷,一天一夜;3 景点＋梦幻谷,两天两夜;5 景点＋梦幻谷,三天有效。

3. 营销主题逐渐多样化

游客到访横店最基本的旅游期望是获得与影视相关的体验,但同时也有其他的动机存在,因而,横店影视城在旅游宣传促销、旅游目的地形象营销等方面需要注意多样化,而非将其打造成为纯影视旅游地。 尤其是在一些知名导演、大片、影视明星可以作为旅游吸引要素时,横店需要正确进行营销,引导游客消费,避免盲目扩大明星、名剧的可接近程度,造成游客达不到预期体验而降低满意度。

从 2019 年 11 月文献检索及实地调查资料来看,横店所提供的旅游产品具有多样性的特点,影视主题公园、游乐园及综合型旅游地组成的产品体系逐渐形成。 横店在多年的发展过程中,营销主题日益多样化。 以 2019 年官网（http://www.hengdianworld.com/）宣传为例,横店影视城被定位为"国家 AAAAA 级旅游景区""中国好莱坞"。 首先是 5A 级景区,其次才是中国好莱坞,而"到横店看明星、拍电影、赏演艺秀,各种好玩"是向游客营销的横店旅游产品和体验。"看明星"满足游客探星动机;"拍电影"则更为个性化,满足游客对电影拍摄的好奇和体验心理;"赏演艺秀""各种好玩"则逐渐脱离影视拍摄及影视作品的主题。 从横店 2019 年 11 月 10 日官网推送的旅游产品中也可以看到此特点(见图 5-5)。 当天官网共推送两个焦点主题旅游产品:其一是"错峰游横店 打卡《我和我的祖国》拍摄地",此产品是结合影片《我和我的祖国》热播开发的影视主题类产品;其二是"陆地邮轮式横店自助游:管家式服务,父母无忧旅游",此产品是针对老年旅游市场开发的专项旅游产品。 可见,横店正在逐步加强非影视作品主题的旅游产品开发与营销。

图 5-5 2019 年 11 月 10 日官网截图(一)

(二)构建利益协调机制

驱动横店影视主题公园群发展的是影视产业和旅游产业,其中影视产业更是重中之重,是横店旅游发展的拉动因素。 围绕影视拍摄、影视制作等相关产业链,保障影视作品的拍摄与制作对横店的发展至关重要。 在横店的影视产业和旅游产业融合发展过程中，最为突出的即影视拍摄的神秘性和游客对影视拍摄好奇心的满足之间的矛盾。注重进一步协调影视拍摄与旅游体验之间的关系，是横店影视城的当务之急。

横店影视城官网的栏目上即能明确区分影视拍摄与旅游活动。官网主要栏目分为"旅游景区""演艺活动""剧组服务""影视片场""旅游攻略""在线预订""酒店介绍""商旅服务"等，主要分为影视、旅游、服务三大块。横店影视城管理服务有限公司是横店影视城下属的负责所有影视拍摄相关事务的专业公司，为影视拍摄机构提供各个档次的宾馆、酒店、场景拍摄等服务，为剧组提供大量群众演员、特约演员、武行演员和经验丰富的技工、场工、杂工，并为剧组提供各类拍摄配套服务，提供各类影视器材、道具、服装、车辆、马匹等租赁业务。各场景和摄影棚信息资料全面，服务公司工作流程一目了然，职责分明。横店影视城服务日益规范，使影视剧组与旅游活动之间的冲突在管理层面相对得到抑制。

(三)全方面提升游客影视体验

横店开发了提升游客影视体验的产品，并采取措施增强游客的体验。

1. 微电影:"去横店拍微电影,我也可以做明星"

横店专门提供拍摄微电影服务，满足游客对电影制作的好奇心，为游客提供体验明星的感觉（见图5-6）。目前提供的服务有两种:一种是微视频，无剧本和台词，10秒成片，收费80元/人;另一种是情景剧场，有剧本、台词，2分钟成片，收费100元/人。拍摄过程中提供专业的导演、化妆师、道具师、灯光师等人员的服务。这些拍摄服务，不仅满足那些有着相对强烈的影视好奇心的游客，而且为游客了解影视拍摄过程提供了渠道。

图 5-6　2019 年 11 月 10 日官网截图(二)

2. 实时播报影视动态

横店影视城增设"影视动态""剧组动态"等实时播报影视拍摄相关的动态信息（见图 5-7）。其中"影视动态"以介绍正在进行拍摄的影视作品为主，"剧组动态"分每日和每周两个时段，每日剧组动态按各个景区展示拍摄的具体剧名，每周动态则展示剧组主要明星，为游客掌握剧作品和明星提供信息来源。

图 5-7   2019 年 11 月 6 日官网截图

3. 开发"印证"与"探星"系列产品

（1）影视追剧游

横店影视城专门推出影视追剧游（见图 5-8），"跟随热播剧探索热门场景，在相同的地方摆拍，打卡明星们日常工作地""前往剧组拍摄区域探班，偶遇自家爱豆""追星必备，走明星们走过的路，近距离接触剧组"。

图 5-8　2019 年 11 月 14 日官网截图

（2）明星见面会

横店影视城根据拍摄作品涉及的明星定期举办明星见面会（见表 5-14），其主要有四种类型。 ①作品新闻发布。 2011 年的《轩辕剑》、2012 年的《新白发魔女传》、2013 年的《陆小凤与花满楼》《大汉贤后卫子夫》《新活佛济公》、2015 年的《怒海红尘》等作品的剧组见面会或新闻发布会，大部分为媒体参加并进行报道，属于公共关系专题活动范畴。 ②粉丝见面会。 一部分为作品与明星结合进行宣传，如"吴奇隆率《新白发魔女传》众主演参加粉丝见面会""《楚乔传》横店探班 赵丽颖为戏暴瘦八斤"等；一部分是明星参与拍摄作品的同时举行粉丝见面会，增加曝光度，如"粉丝横店探班 张娜拉片场庆生""董璇带粉丝横店重走'雪花之路'分享幸福生活"。 ③主题活动与"撞星"宣传。 如"荒野四大美女"的"后西游时代""撞星必马！明星都在哪儿拍戏"。

表 5-14　横店影视城明星见面会资讯

内容	时间	点击量
胡一天《绝代双骄》横店杀青 粉丝暖心应援	2018-07-05	8845
《南烟斋笔录》横店发布会 刘亦菲井柏然共绘"彼岸花"	2018-04-12	17577

续　表

内容	时间	点击量
《芸汐传》横店拍摄过半 首次开放粉丝探班	2017-09-26	13391
《夜天子》热拍 徐海乔片场战高温粉丝暖心探班	2017-09-15	9329
《大唐荣耀2》横店开播盛典 任嘉伦茅子俊粉丝应援	2017-04-01	12824
林峰获粉丝探班 带伤拍戏被赞"太敬业"	2017-03-14	8942
《楚乔传》横店探班 赵丽颖为戏暴瘦八斤	2016-08-25	15108
撞星必马！明星都在哪儿拍戏	2015-10-22	21954
《怒海红尘》横店明星见面会	2015-09-04	19990
百名安以轩粉丝横店探班	2015-03-14	16890
第四届"荷花节"何晟铭与粉丝横店庆生	2014-07-22	14392
陈键锋横店生日见面会	2014-05-07	14198
陈键锋有求必应 200多名粉丝排队等签名	2014-03-10	13097
付辛博横店庆生 粉丝偶像齐欢乐	2014-03-06	11821
魏千翔粉丝见面会	2013-12-06	11625
颖晓迷中秋探班陈晓、赵丽颖	2013-09-23	12045
多图:李宗翰粉丝横店见面会	2013-08-15	11161
吴映洁横店粉丝庆生会	2013-08-12	11074
《新活佛济公》横店清明上河图粉丝见面会	2013-07-30	14474
宗峰岩横店贵宾楼粉丝见面会	2013-07-22	10636
《大汉贤后卫子夫》横店见面会	2013-07-15	11089
赵丽颖粉丝横店明清宫苑景区探班	2013-07-08	11500
林佑威粉丝横店清明上河图景区探班	2013-05-28	7970
陈晓粉丝清明上河图景区探班	2013-05-13	8418
《陆小凤与花满楼》开放首次粉丝探班日	2013-04-22	7532
粉丝横店探班 张娜拉片场庆生	2013-03-20	7831
"荒野四大美女"的"后西游时代"	2013-03-16	7867
冯绍峰横店明星见面会引爆数千疯狂粉丝	2013-03-04	6468
董璇带粉丝横店重走"雪花之路"分享幸福生活	2012-09-04	5292
樊少皇横店庆生 和粉丝过有爱派对	2012-09-03	2771

内容	时间	点击量
吴奇隆率《新白发魔女传》众主演参加粉丝见面会	2012-09-03	2938
萧正楠生日粉丝见面会	2012-06-09	3765
《新白发魔女传》横店发布会全程记录	2012-05-24	2646
《轩辕剑》横店见面会	2011-08-08	3028

资料来源：根据网上资料管理。

　　明星见面会年度举办频率和访问量差异明显。 2011 年至 2018 年共计 34 篇资讯，其中 2011 年、2016 年各仅有 1 篇，2018 年 2 篇，2013 年 14 篇。 点击量最大的是名为《撞星必马！明星都在哪儿拍戏》的资讯，点击量为 21954 次，远远超过其他资讯信息。 可以看出，游客的探星是来横店的主要旅游动机，而且更多的并不是粉丝团，而是带有"撞星"目的的大众游客。

　　（3）明星代言人

　　横店自 2016 年开始起用明星代言人。 首次担任横店代言人的是有"国民闺女"之称的影星关晓彤。 关晓彤与横店影视城的发展有着重要的关联。 2005 年，陈凯歌导演在横店影视城拍摄完成的电影《无极》全国公映，关晓彤饰演小倾城，其自然灵动的表演让观众都记住了这个演技不赖的小倾城。 作为横店影视城形象代言人的关晓彤，除了拍摄横店影视城的广告片、宣传片之外，还积极代表横店影视城参与公益事业，担任交通文明宣传大使等。 2019 年春天，横店影视城重磅开启"致敬经典"系列明星见面会活动，邀请了"紫霞仙子"朱茵作为横店影视城代言人。 通过当红或高知名度的明星代言，横店的影视主题产品进一步强化，也逐渐脱离对影视拍摄事件和影视作品的路径依赖。

（四）丰富旅游产品体系

1. 夜游产品

　　（1）《暴雨山洪》表演秀

　　《暴雨山洪》表演秀始于 2004 年，是小型剧场形式的全国首家灾难实景演艺秀，一经推出即引爆市场，备受青睐。2012年《暴雨山洪》进行第一次升级，有了专属的大型剧场，蜕变为融声、光、电、影视特技、舞蹈艺术为一体，集古老、原始、神秘、宗教、自然于一身的大型实景"灾难性"演艺项目。2013年，该节目荣获"2013最具国际影响力的中国十大旅游演出"奖项，2013年的国庆节，更是创下一晚连演8场、观众达到4万多人的纪录。2018年横店影视城斥资亿元，对《暴雨山洪》进行再次升级，结合高科技舞台技术和现代舞美手法，打造史诗级的灾难大片。① 素有中国舞蹈"活化石"之称的傩舞，是傩仪中的舞蹈部分，是世界文化的瑰宝。新《暴雨山洪》集中国傩舞之大成，将"傩"这一原始、神秘的文化更为形象化地展现出来，让古傩焕发新的生机和魅力。② 百名祭祀舞者面戴各种狰狞诡异的傩面，用反复的、大幅度的、张力十足的通灵驱邪舞蹈进行祈福，古拙质朴，演绎着充满生命激荡的虔敬倾诉。一脚踏进剧场，人们就进入了不可思议的远古世界，神秘部落正逢罕见旱灾，一场空前的祈雨祭典即将举行。不同于横店现有20余台大型演艺节目的风格和形式，新《暴雨山洪》让观众在30分钟里全程沉浸式参与傩祭，开启更为身临其境的演艺新模式。

（2）梦幻谷景区

梦幻谷景区是在《暴雨山洪》表演秀的前期阶段基础上于2007年建成开放的夜游景区。它占地28万平方米，包括梦文化村、横店老街、江南水乡、水世界四大区域，是一个以火山爆发、暴雨山洪等各种自然现象及自然风貌展示为主，配以各种游乐设施和演艺活动等内容的大型夜间影视体验主题公园。景区内表演两大主打节目《梦幻太极》和《暴雨山洪》。每天16：30开门营业，19：00之前基本为游乐设施的游玩时间，19：00—20：00是《暴雨山洪》节目的表演时间，20：00—21：00是《梦幻太极》的表演时间（开放时间和表演秀时间依据季节进行调整）。从目前横店影视城发展的状况来看，梦幻谷景区对横店影视旅游产品体系的丰富和游客游玩时间加长具有重

---

① 《"野性"升级，〈暴雨山洪〉领衔"横店三大秀"震撼来袭》，http://www.sohu.com/a/323351376_682434。

② 《投资亿元！横店新〈暴雨山洪〉历经200天打造震撼上演》，https://zj.qq.com/a/20180730/023084.htm。

要的作用,景区推荐的联票更将梦幻谷景区作为必选项目。

(3)广州街·香港街景区

广州街·香港街不仅是横店影视城的第一个影视拍摄基地,也是横店夜晚开放的影视拍摄基地。 开放时间为每天 17:00—20:00(根据季节调整),部分时段针对金华本地市民免费开放,首次入园游客收费,二次入园游客不再加收门票费。 夜晚的广州街·香港街景区灯火辉煌,设有《香江夜艳》水上特技表演。

2. 文旅耦合型主题衍生产品

(1)影视主题美食

横店是全球规模最大的影视拍摄基地,抬头遇明星,转角见导演,到处都洋溢着浓郁的影视气息,美食也是如此。 "影视菜系"是横店除了八大菜系之外的"第九菜系"。 横店影视菜系主要分为三种:一是"影视剧名菜",就是菜名取自某影视剧名,如国贸大厦的"山楂树之恋"来源于电影《山楂树之恋》;二是"影视剧中菜",就是此道菜源自某影视剧,是剧中重要的"出镜物品",如《花千骨》中的"桃花羹",《寂寞空庭春欲晚》中的"杏仁酪",《女医·明妃传》中的药膳,《芈月传》中的战国美食等;三是"影星菜",就是此道菜为某影星最为喜爱的、广为人知的菜品,如丰景嘉丽大酒店推出的影星刘涛喜爱的"面疙瘩",郑嘉颖喜爱的"蘑菇汤",贵宾楼推出曾志伟喜欢的腊味脆锅巴,张晓龙喜欢的冲浪豆花盅等;另外还有为横店美食融合了影视明星的名人效应,横店影视明星品尝过的菜品,如贵宾楼推出的"明星私享宴",有老鸭鹿茸菌、蘸汁波士大龙虾等①。

(2)影视主题住宿

影星酒店属于横店影视城旗下一家综合型三星级旅游饭店,也是浙江省首批银鼎级主题文化酒店。 地处横店繁华的闹市中心,地理位置优越,既方便宾客旅游、购物,又为宾客提供了舒适宁静的食宿空间。 酒店拥有客房

---

① 笔者 2019 年 11 月 10 日检索结果,原文标题与网址为:明星们在横店都爱吃什么? http://www.hengdianworld.com/Newsdetail.aspx? id=3650

175 间，其中有秦汉风格、电影主题、豪华客房等 20 多种房型可以选择，为宾客提供舒适入住环境的同时，更为宾客提供了一场电影主题视觉盛宴。

影视主题民宿位于广州街·香港街景区之内，于 2018 年 7 月试营业，设有伪装者、老九门、半妖倾城、叶问、A 计划等以电影电视剧命名的主题楼，整体建筑风格以 19 世纪的香港地区为参照，结合横店影视城特有的影视主题元素将热播剧进行一比一场景还原。

（3）影视主题事件游

春节大庙会又称"横店春节大庙会"，亦称"横店大庙会"，于 2015 年举办了首届，正月初一到初五举办，是享誉全国的春节庙会。2016 年春节，横店影视城举办了五大主题庙会：秦王宫景区主打"大秦庙会"，以秦汉文化为背景，并加入影视元素进行主题包装；清明上河图"大宋庙会"的主题是"回到宋朝去过年"；广州街·香港街主题为"南粤庙会"，主打"老广州年味特色"；明清宫苑主题为"皇宫庙会"，主打"与民同乐"；梦幻谷景区庙会主打"梦幻、热闹、红火、快乐"，既有传统的"江南大庙会"，也有中西混搭的"新春嘉年华"。2017 年的庙会设梦幻谷和明清宫苑两大主会场，主打"江南大庙会"和"皇宫大庙会"，是两个南北不同地域、具有皇宫和民间不同特色的主题庙会。2018 年的横店大庙会将全新打造梦幻谷"江南大庙会"、明清宫苑"皇宫大庙会"、秦王宫"大秦庙会"三大会场。2019 年横店举行春节延禧大庙会，其中明清宫苑为"紫禁城民族大庙会"，并于大年初四举办延禧家族见面会；梦幻谷举办"江南大庙会"，于大年初五举办"石榴姐"见面会；清明上河图景区，作为热播作品《知否知否应是绿肥红瘦》的重要拍摄地，还原了剧中经典场景，剧中经典人物与游客一起互动，复制了剧中经典美食，让游客在吃喝玩乐中深度感受影视游玩体验；秦王宫举办了"皓镧大秦年"，游客可与《芈月传》《皓镧传》《琅琊榜》《青云志》等众多影视剧中人亲密互动，在美食街享受各类陕西风味美食；广州街·香港街有"民国大庙会"，仍以南粤为主题，让游客感受老广州、老香港的独特魅力。

2011 年 4 月 29 日，玄机科技与横店影视城合作举办的首届"横店 cosplay 英雄会"在影视城秦王宫景点的舞台上正式开幕。本次大赛吸引了来自广州、重庆、厦门、北京、南京、台州、武汉、上海、杭州等全国各地 16

支 cosplay（Costume Play 的简称，即穿着动漫人物服装的表演）劲旅。 这些社团带来的节目包含欧美歌舞、神话传说、历史故事等不同风格和题材，演绎的作品有《永恒之塔》《上古神兽》《倩女幽魂》《霹雳》《怪物猎人》《葫芦兄弟》《爱丽丝梦游仙境》《杨家将》《三国突围》等，舞蹈、歌剧以及原创剧情使得表演丰富精彩。 第二届横店 cosplay 英雄会总决赛于 2012 年 9 月 16 日在横店影视城梦幻谷景区举行。

　　2014 年开始，横店结合第三届横店 cosplay 英雄会举办横店影视节，影视节期间同时举办影视"剧中人"大巡游、剧组见面会、cosplay 摄影大赛等丰富多彩的影视体验活动。 横店影视城各大景区内，《暴雨山洪》《秦淮八艳》《紫禁大典》《怒海争风》《龙帝惊临》等 22 台大型演艺秀，高度还原影视拍摄场景，揭秘影视拍摄特技。 作为 2014 年横店影视节的重头戏，第一届影视"文荣奖"颁奖典礼于 10 月 13 日下午在横店国贸会堂举行。 影视"文荣奖"沿袭横店影视"金牛奖"，坚持为新人、新作服务的方向，鼓励新思维、新技术、新媒体，打造一个集中呈现影视创新力量的梦想舞台。 之后每年度举办的横店影视节以影视大巡游和"文荣奖"为重点内容。 横店影视节以影视和横店主打的旅游产品为主要内容进行安排，如 2019 年第六届横店影视节，邀请"石榴姐"苑琼丹登上花车参与巡游，与现场游客亲密互动，巡游路线为"万盛南街万盛大桥（起点）→步行街舞台→双溪桥路口→兴盛路口→度假村路口→金佛庄路口→长征路→梦幻谷 1 号门（终点）"，影视巡游的内容也与横店拍摄的经典作品有直接关系，并重点推介暑期重磅推出的火山秀《梦幻太极》、洪水秀《暴雨山洪》、水舞秀《百老舞汇》三大秀，其主要演员身着演出服装联袂亮相，成为本次巡游最大亮点。 "致敬经典"系列的《天龙八部》李若彤、陈浩民见面会也同步举行。

　　2019 年 6 月 15 日到 8 月 31 日，横店举办嬉水狂欢节，其中不仅包含了影视大巡游，而且还有一系列与影视相关的内容及其他演艺活动，如钟欣潼、关晓彤、朱茵等影星的见面会，周延、金志文、逃跑计划等的音乐节，以及《暴雨山洪》等重量级演艺活动的回归及推出（见表5-15）。

表 5-15　2019 年横店泼水狂欢节主要活动安排

时间	活动主题	地点
6 月 22 日	钟欣潼见面会	梦幻谷了了城堡
6 月 29 日	洪水秀《暴雨山洪》全新上演	梦幻谷《暴雨山洪》剧场
6 月 29 日	泼水狂欢节盛大开幕	梦幻谷《暴雨山洪》剧场
7 月 5 日或 6 月	国际演艺大巡游	万盛街
7 月 13 日	火山秀《梦幻太极》震撼回归	梦幻谷《梦幻太极》剧场
7 月 20 日	关晓彤见面会	梦幻谷了了城堡
7 月 27 日	GAI 水上音乐节	梦幻谷阿拉丁舞台
8 月 3 日	金志文水上音乐节	梦幻谷阿拉丁舞台
8 月 10 日	朱茵见面会	梦幻谷了了城堡
8 月 17 日	水舞秀《百老舞汇》首演	梦外滩
8 月 24 日	逃跑计划水上音乐节	梦幻谷阿拉丁舞台

资料来源：http://www.sohu.com/a/325351913_688452。

3. 休闲产品

　　梦泉谷温泉度假区是横店休闲旅游产品的重要构成，其开发尤其促进了横店冬季休闲旅游发展。冬季被认为是横店旅游休闲季。2017 年 12 月 23 日，横店影视城旗下的梦泉谷温泉度假区迎来了媒体开放日。作为横店影视城年度重磅项目，梦泉谷温泉度假区在 2018 年春节期间正式开放营业。横店梦泉谷温泉度假区是横店影视城着力打造的大型养生休闲度假旅游项目，融温泉养生、疗养度假、游乐戏水、生态观光为一体，年出水量达 8 万吨的温泉水系采自地下近千米的重碳酸钠钙型含硅氟水，为温泉水中的珍品。2018 年元旦开放的温泉度假区一期分为综合服务区、山水温泉区、美食休闲区三大区域，拥有各种不同类型的泡池（含蒸房）78 个，既有纯天然的原汤类泡池 27 个，还加入了各类草药、矿石的特色养生泡池 33 个，以及 15 间蒸房、3 间石板廊等。此外，还有儿童及成人戏水游乐设备、特色美食餐饮、康体娱乐等丰富的体验项目，适合家庭亲子休闲、疗休养度假，以及举办各类庆典会务活动，日接待最高容量可达一万人次，整体规模大、泡浴类别多，为浙中地区 5A 级景区的温泉乐园。

横店的休闲旅游发展和影视有直接的关系,还逐渐改变了横店原来单调的以影视为主要吸引物的状态。 "还不到横店玩"是横店主打的营销口号,"玩"为主要内容,而不是"看"影视相关元素。 横店官网的"休闲横店"栏目,其资讯从 2011 年 3 月 13 日至 2019 年 11 月 29 日共计 463 条,第一条资讯在 2011 年 3 月 13 日发布,介绍横店梦幻谷的音乐活动。 截至 2019 年 11 月 29 日,发布的最新资讯是关于横店门票的调整和游览线路的推介,其中门票价格针对联票进行优惠,推荐的线路有影视之旅、演艺之旅和亲子之旅三条。 463 条休闲资讯基本围绕影视剧组动态及横店旅游相关的美食、景区建设、活动、政策等相关内容发布。

(五)文旅融合地域化转型:影视小镇、休闲小镇

横店影视城的发展源于影视产业和旅游产业的耦合,形成了影视主题公园群的发展模式。 影视为文旅融合的关键,但由于影视产业的依靠而形成的旅游经济体系相对脆弱,一旦影视产业萧条,旅游经济发展势必受到影响。以 2019 年的数据为例。 2019 年似乎进入了娱乐圈影视寒冬期,很多曾经大红大紫的艺人的作品几乎为零,从镜头前见到他们反而是在观看综艺节目时,65%的演员无影视剧播出。 2019 年前三季度 1884 家影视公司关停,全国拍摄制作电视剧备案共 646 部,比 2018 年同期的 886 部减少 27%,横店的剧组开机率下降 45%。[①] 活跃于横店的主要是三类人:影视明星剧组、群演和游客。 游客和前两者关系极其密切。 剧组减少,宣传减少,群演生活困难,旅游业势必受到影响。 实现文旅融合的转型发展是横店面对的重要问题。 采取措施促进文旅融合,由产业融合转向地域融合是横店发展的必然途径。 事实表明,经过二十多年的发展,横店已经逐步实现了由文旅产业融合走向地域融合的目标。 横店影视主题小镇的建设已经完成,休闲小镇的打造仍在进行之中。

---

① 《明星也失业? 1884 家影视公司关停 横店开机剧组骤降》,https://money.163.com/19/1217/08/F0J91LOS00259DLP.html。

1. 影视小镇

从 1996 年投资兴建《鸦片战争》拍摄基地开始，横店即走上影视小镇的建设之路。 20 世纪 80 年代一个位于浙中的偏僻小山村，既无山水之景观，又无交通之便利，更无文化之胜。 耕地贫瘠的横店，"无中生有"，经过 20 余年的发展，成为世界知名的"东方好莱坞"。 广州街·香港街、秦王宫、明清宫苑、清明上河图等拍摄基地的建设不仅为影视产业和旅游产业发展提供了基础，也为横店全镇的发展提供了空间增长极。 2000 年开始，横店为吸引更多的影视作品拍摄，对所有的剧组免收场地费，使剧组的制作成本降低了 1/3。 2004 年是横店影视产业发展的转折之年。 浙江横店影视产业实验区获批成立，规划面积 365 平方千米，是横店由文旅产业融合实现地域融合的关键驱动事件。 国家级影视产业实验区的建设进一步推动了文旅融合地域化发展。 国家政策向横店倾斜。 针对区域内注册企业，国家出台了十年的税收优惠政策，前三年地方税 100％退还企业，后七年逐步递减，其中第四年第五年退还 80％，最后五年退还 70％。① 倾斜的政策下，多家影视企业入驻横店，"横漂"一族快速壮大，影视制作相关的用品与服务快速发展，横店的影视小镇发展更具规模。 2015 年，横店入选国家中小城市综合改革试点镇。尤其要指出的是，全国镇级层面试点仅有 4 个，横店即为其一。 2016 年，住房和城乡建设部公布的首批特色小镇中，横店名列其中，它被划入文化类特色小镇的范畴，影视文化产业、文旅产业在横店新的规划版图中，将具备更多战略价值。 横店依托影视产业的升级发展实现了新型城镇化。

2. 休闲小镇

"无中生有""水炸油条"式的横店影视产业、影视小镇的发展主要成功因素在于横店集团。 "横店镇在横店集团内"的发展模式不是不可复制，当横店国家影视产业实验区政策红利枯竭之后，横店便会遇到更大的竞争。2018 年上映的《战狼 2》票房突破 50 亿元。 《战狼 2》背后的影视公司，注

---

① 《解码横店影视小镇运作模式》，http://www.sohu.com/a/277643807_825181。

册地在新疆维吾尔自治区伊犁哈萨克自治州的霍尔果斯。这个与影视产业似乎没有关联的地方，借着"一带一路"倡议的东风，以"五年企业所得税全免"的政策吸引了众多明星公司入驻。一旦出现更有利的政策条件，已在横店入驻的影视公司也会被分流或撤退。单纯的影视主题发展并非可持续性的地域发展对策。横店也开始关注这一重要战略问题。2010年5A级景区创建成功，演艺秀的去影视作品化、温泉度假区的开发等非影视主题产品的推介等是横店作为休闲小镇的重要决策。2014年"休闲横店"项目小组正式成立，开始着力打造影视背景下的休闲小镇。横店逐步倾向于营造"城"的概念，提升城镇功能，先后制订了横店小城市发展的总体规划，编制了教育发展、横店城市品牌研究和影视特色、商业网点布局、镇区污水管网布置、绿地系统、道路系统等专项规划，初步形成了科学建设小城市的规划体系，打造"宜居、宜业、宜游、宜闲"的影视名城和休闲小镇。①

本章小结

横店，是位于浙江东阳的无明显资源优势和交通优势的小镇，经过短暂的二十几年的发展，实现了"无中生有"，实现了世界知名影视拍摄地、影视主题小镇的发展目标，它正在朝着功能多样化、产品多样化、吸引力综合化的发展目标逐步前进。

横店的发展，是中国本土地区由文旅产业融合转向地域融合的经典案例。横店的发展过程，也是中国文旅产业由耦合型产品、产业深度融合再向地域融合发展的过程。

---

① 《打造"宜居、宜业、宜游、宜闲"的影视名城、休闲小镇》，http://dynews.zjol.com. cn/dynews/system/2015/09/21/019757388.shtml。

第三部分　浙江省动漫产业与旅游产业融合实践

动漫产业与旅游产业的关联度较高，也是典型的文旅产业融合的代表。此部分在分析动漫产业和旅游产业融合理论问题基础上，以杭州市为案例分析浙江省省动漫产业和旅游产业的融合发展过程与特征。

第六章　动漫产业与旅游产业耦合发展理论研究

一、动漫产业概述

动漫文化是指视觉消费时代以动漫形象为基础、以现代传媒为动力支撑的大众文化。动漫文化可以在一切有形和无形的载体上传播，例如广播、电影、电视、网络、手机、期刊、书籍、带有动漫形象的游园设施、公交车、户外广告牌、玩具、文具、食品、服装、商店的 POP（卖点）广告等。所以动漫文化的表现形式多种多样，如组织或参与漫画比赛、在以卡通形象为主体的场所参加游园活动、在家中或其他地方（如漫画吧）阅读动漫期刊或书籍、

cosplay、观赏电影或电视动画、参与有动漫角色的网络游戏、购买动漫形象衍生品、成立民间动漫组织、策划动漫活动、分享动漫故事等（谭玲、殷俊，2006）。 动漫产业是以动画卡通、网络游戏、手机游戏、多媒体产品等为代表的知识经济产业（周旭霞，2006）。 动漫产业也被认为是"以创意为动力，以动漫文化为基础，以版权为核心盈利模式，广泛涉及影视、网络、音像、书籍出版以及玩具、文具、服装、食品等行业的现代文化产业"（韩翔宇，2008）。 按照信息产业部等发布的《关于推动我国动漫产业发展的若干意见》，动漫产业是指以"创意"为核心，以动画、漫画为表现形式，包含动画、漫画图书、报刊、电影、电视、音像制品、舞台剧和基于现代信息传播技术手段的动漫新品种等动漫直接产品的开发、生产、出版、播出和销售，以及与动漫形象有关的服装、玩具、电子游戏等衍生产品的生产和经营的产业。在《文化及相关产业分类》（2018）中，动漫产业属于"动漫、游戏数字内容服务（0241）"的一种产业类型。

动漫产业建立在动漫文化的基础上，与当代数字技术密切相关；属于文化产业，是创意产业的典型代表，也是娱乐产业的一部分；以版权为核心的盈利模式，动漫品牌的成功构建是其关键；需要资金、科技、知识、劳动的大量投入；对未成年人教育和国家的文化安全有重要意义（谭玲、殷俊，2006）。动漫产业对产业经济系统的发展具有很重要的促进作用，国家"十一五"文化发展纲要将动漫产业确定为未来文化产业发展的九大重点领域之一。 动漫产业的产品主要分为三大类，即核心产品、附属产品和衍生产品。 其核心产品为拥有知识产权的漫画、动画卡通创造艺术品及其播出、发行市场；其附属产品是指在核心产品基础上开发出来的产品，如动漫音像制品、动漫游戏、动漫图书等；其衍生产品是指基于其核心产品的品牌、图标而开发的衣饰、食品、玩具、饮料、文具、日常用品，乃至药品、主题公园、娱乐设施等，是依托动漫核心产品衍生出来的产业链（欧阳友权，2007）。 动漫产业链可以理解为：以特定的形象为核心，由此形象延伸出来的动漫产品、衍生产品以及与创造出与此形象相关的咨询、调查等服务行业所共同组成的循环的产业系统，在此循环中不断实现价值增值的过程（见图 6-1）。 动漫产业链并非封闭的，以版权为媒介，动漫还可以与电影、旅游等产业发生联系，融入文化产业中，使动漫产业链继续拓展下去，动漫可以被认为是文化产业中可开发价值最高的产业之一（李楷，2007）。

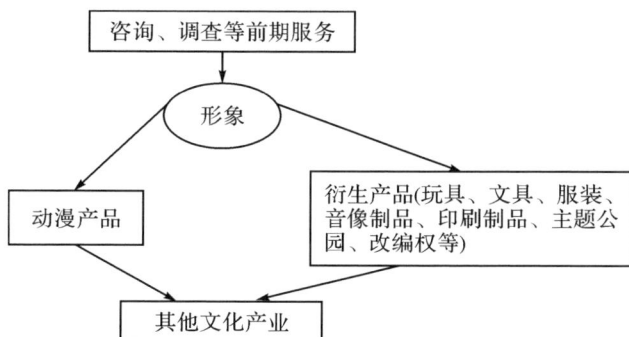

图 6-1 动漫产业链图解

动漫产业链的发展模式有以下三种（陈又星，2008）。

第一，美国的以电影和电视为主导的模式。迪士尼的盈利模式被称为"轮次收入"（利润乘数）模式。其主要内容是：第一轮是迪士尼的动画制作，靠票房收入加上发行、销售拷贝和录像带收回数亿美元，解决了成本回收的问题；第二轮是世界各地的迪士尼乐园，吸引大量游客游玩消费；第三轮是品牌产品授权和连锁经营，开设遍布全球的授权专卖商店，加上迪士尼动画形象专有权的使用和出让、品牌产品的生产和销售以及相关书刊、音乐乃至游戏产品等衍生品的出版发行，第三轮可以产生的利润占迪士尼总利润的40%。迪士尼通过层层产业结构，已经布下了"天罗地网"。看迪士尼卡通片，去迪士尼乐园，买迪士尼产品，上迪士尼网站已成为美国人的生活习惯之一，并且这种习惯逐步向世界范围扩散。

第二，日本的以漫画为主导的模式。一个完整的日本动画产业链衔接形式大致如下：在动漫期刊上连载—选择优秀的漫画出版单行本—改编成影视动画片—电视台和电影院播出和放映—动漫图书出版发行、音像制品发行和游戏开发—形成版权的授权代理—衍生产品开发和营销。

第三，韩国的从模仿到动漫与网络游戏相结合的模式。韩国靠给日本动画加工起家，随着互联网的普及和网络游戏的盛行，大力发展动漫和网络游戏产业，利用网络优势从传统动漫强国中分得一杯羹。

在我国,动漫产业的经济效益主要依靠其附属产品和衍生产品来获得
(欧阳友权,2007)。 中国动漫公司盈利者少,多数处于微利或亏损状态,
根本原因就是目前中国动漫产业还没有形成完整的产业链,产业链的缺失又
导致价值链的断裂,致使动漫产业发展陷入不良循环(韩翔宇,2008)。 近
年来,国产动漫产业发展较为迅速,动画片、游戏产业等方面取得了相对瞩目
的成就。 《熊出没》《喜羊羊与灰太狼》等在大众市场广泛传播,产业链逐
渐形成。 动漫电影也取得了显著的成绩,2019 年的《哪吒之魔童降世》总共
上映了 93 天,最终的票房为 49.72 亿元,总票房成绩排在中国电影票房总榜
第二位,仅次于 2017 年上映的《战狼 2》。

二、动漫产业与旅游产业的相关性

动漫产业与影视产业有一定的隶属关系,也与旅游活动关系密切,但动
漫和旅游的相关性同旅游与影视的表现不同。

(一)动漫产业为旅游业提供形象载体和基础

从动漫产业链和产品构成来看,旅游业与动漫产业存在密切的关联性。
作为一个与其他行业关联度极高的行业,动漫的发展大大地带动了音乐、出
版、广告、主题公园和旅游等相关行业的发展。

真正意义上动漫文化的出现是在 1919 年,沃尔特·迪士尼首次摄制了一
部仅长两分钟的动漫故事片,而风靡全球的迪士尼乐园即典型的动漫产业衍
生产品。 动漫产业的发展能够对旅游业产生一定的促进作用,同时动漫产业
和旅游业相结合也能产生独特的主题产品。 动漫产业以版权为核心盈利模
式,这是由它文化产业的产业属性决定的(谭玲、殷俊,2006)。 这种特性
决定了动漫产业对旅游业的促进作用。 动漫产业中的动画、卡通人物和故事
是吸引大众的要素,能够成为旅游活动的主题内容和形象载体。 同时动画
片、卡通片也是影视产业的一个重要构成部分,与旅游业关系密切(详见影视
产业与旅游业关系分析)。 而且,与一般影视作品不同的是,动漫产业中产

生的人物形象更具有生命力。 外景拍摄地会因为影片的拍摄而成为旅游胜地,但这种影响具有明显的时效性。 动画片中的人物形象却具有经久不衰的魅力。 《米老鼠与唐老鸭》《猫和老鼠》等动画片中的人物形象历经多年仍旧是大众熟知和喜爱的形象,其受众并不局限于儿童,而是面向所有年龄层。正是这种虚幻的特性才使得动漫形象和作品有了明星人物和大片所没有的魅力和影响力,优秀的动漫作品(如《猫和老鼠》)的播放量大且影响持久。动漫作品的这种特性可以为旅游开发提供形象要素和载体。

(二)动漫与旅游业结合之一:主题公园

沃尔特·迪士尼于1923年创立迪士尼公司,该公司经过多年的发展成为一个涉及影视娱乐、主题公园、房地产以及其他娱乐事业等多个业务领域的世界著名跨国集团。 在迪士尼集团的四大主要业务领域(影视娱乐、媒体网络、主题公园、消费产品)中,主题公园一直是其最大的盈利部分,利润接近公司总利润的一半。 1955年,迪士尼正式推出了世界上第一个现代意义上的主题公园——洛杉矶迪士尼乐园。 迪士尼乐园的诞生不仅促进了动漫文化的普及,同时也彰显了动漫和旅游业之间的紧密关系。 迪士尼乐园将米老鼠等卡通人物重现于距洛杉矶35千米的主题公园中。 在有着真人大小卡通形象的乐园中,人们可以驾驶未来车、搭乘密西西比的船尾舵车,嬉戏于中世纪的城堡中,或在美国大街上漫步。 目前全球已经建成的迪士尼乐园有6座,分别是洛杉矶迪士尼乐园、奥兰多迪士尼乐园、东京迪士尼乐园、巴黎迪士尼乐园、中国香港迪士尼乐园、中国上海迪士尼乐园。 迪士尼乐园的主题产品包括美国大街、冒险乐园、新奥尔良广场、万物家园、荒野地带、欢乐园、米奇童话城、未来世界等主题园区,各色卡通人物和卡通故事都是迪士尼乐园的主题内容和吸引要素。 于2016年6月16日正式开园的上海迪士尼乐园即拥有七大主题园区,分别为米奇大街、奇想花园、探险岛、宝藏湾、明日世界、梦幻世界、玩具总动员,同时还建有两座主题酒店(上海迪士尼乐园酒店、玩具总动员酒店)、一座地铁站(迪士尼站)。

（三）动漫与旅游业结合之二：事件旅游

事件是短时发生的一系列活动项目的综合，是事件本身及其发生时间内环境设施、管理和人员的组合（Getz D，1997）。动漫产业与旅游业的结合所产生的重要产品——以动漫为主题的节庆活动，即一种重要的事件，可以引起事件旅游。而且从广义的旅游活动来讲，动漫产业博览会等活动形式所引发的商务、展览等活动也是旅游活动的一种。动漫产业产品众多，为开展与动漫相关的事件旅游提供了主题和内容，动漫节、动漫人物、动漫情景、动漫作品播放均可发展成为具有吸引力的事件旅游产品（见图6-2）。

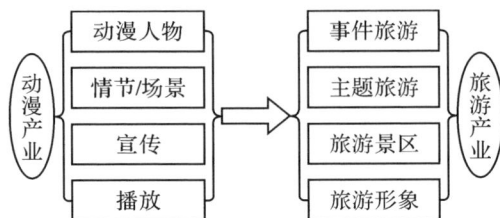

图 6-2　动漫产业和文化产业的多重相关性

三、动漫产业与旅游产业融合发展的关键

动漫产业外延较广，涉及多种媒体、多个行业，如电影、电视、网络、手机、期刊、书籍、广告、玩具、文具、食品、服装等。动漫产业需要进行产业整合，其中包括与上下游合作伙伴的整合。上游合作伙伴是指提供创意的机构，下游合作伙伴主要是动漫衍生品开发机构。与它们进行整合，不仅可以加快动漫产品推向市场的速度，还可以扩大动漫产品的影响范围，尽可能快地回收投资（孙毅，2007）。动漫产业与旅游产业实现良性融合发展必须从两大产业之间的紧密联系入手，大力发展体现两者本质特性的耦合型产品。在动漫主题公园、动漫主题游乐产品、动漫事件旅游等典型结合型产品的基础上，若要实现两大产业的良性融合，必须从产品主题、产品内容、联动

机制、受众、实施途径等方面入手。

（一）主题构建与选择

实现动漫产业和旅游产业的融合发展需要选择主题，构建动漫旅游产品和形象。 目前，动漫产业与旅游产业的耦合形式主要是动漫主题公园、动漫主题节事活动。 动漫主题公园以迪士尼乐园最具特色。 由于动漫产业本身发展不健全，核心产品、衍生产品的发展还不完善，在此情况下，动漫产业和旅游产业实现良性融合有一定的难度，其中如何在旅游产业中增加和充实动漫主题是十分关键的问题。 旅游者内心期望在旅游活动中忘却日常工作和生活的烦恼。 动漫故事、动漫人物形象善恶分明，使得旅游者能够在回顾经典影片、故事情节的同时，获得身心放松。 在旅游活动的开发过程中，可根据旅游产品的性质、受众的情况增设与动漫相关的主题活动和产品。 如以经典或流行的动漫作品为基础，专门开发具有层次性的旅游产品。

在动漫产业发展过程中，除了关注动漫产业核心产品的发展之外，也应该关注旅游产品的开发。 如可结合青少年和普通大众对动漫产品的关注程度和好奇心，开发以动漫产品制作为主题的专题旅游，使得受众了解动漫产品的制作过程、普及动漫知识的同时，实现旅游产业和动漫产业的有机融合。也可开发更多的满足大众需求的动漫旅游主题产品。 随着事件旅游的升温，在动漫产业发展过程中应该充分将节庆活动作为重要的衍生产品，开展动漫节、动漫会展等相关活动。

（二）内容的充实与丰富

内容丰富与充实的动漫旅游产品能够受到公众的认可。 例如迪士尼乐园，卡通形象、动漫主题景观、动漫主题活动和体验等内容比较丰富，游客能够获得动漫主题的体验。 动漫节等节庆活动应进一步丰富节事的内容，依托那些知名度高、熟悉度高的动漫故事、人物开展主题活动，如评选吉祥物、主题狂欢、展览等。 动漫的主题是高度大众化的元素，可开发的产品内容较多，应根据动漫产业的发展、动漫相关作品的热度和广度、大众的需求偏好等方面进行动漫旅游相关内容的充实与丰富。

(三)构建完善的联动机制

动漫产业和旅游产业在产业发展的早期阶段往往是独立的,要实现两者之间的良性融合最为关键的是建立联动机制。 动漫企业、动漫产业园区、旅游企业、旅游景区这些利益主体应加强互动,营造良好的合作环境,建立利益协调机制,以保障两大产业实现良性互动。 要建立互动、互惠、互利的机制,首先要解决两大产业之间耦合型产品的开发问题。 其中动漫节庆既关联动漫产业的发展,也是动漫旅游的重要形式,最能体现两大产业的融合互动。动漫节庆的开发过程中,首先要考虑旅游消费者的需求特性,而不是一味关注动漫产品的交易,这种耦合型产品是否能够得到开发是能否促进两大产业良性融合的最根本问题;其次是耦合型产品的管理机制,动漫产业和旅游产业如若单独发展,势必造成资源浪费,应在管理体制上给予解决,成立相关部门,对这种耦合型产品进行统一开发与运作,避免各自为政。

(四)考虑受众需求

大众普遍对动漫有较高的兴趣,但对其了解不够,动漫观众主体是全年龄层的,而不仅仅是孩童(杨建超、杨小芳,2008)。 目前,在动漫产业发展过程中,大众对于以动漫为主题的旅游活动,往往存在一定的误解,认为其受众仅仅是少年和儿童,但是那些脍炙人口的经典动画大片,诸如《加菲猫》《怪物史莱克》《海底总动员》《哪吒之魔童降世》等上映后的惊人票房就可以证明,动漫的受众是全年龄段。 以动漫为主题的旅游活动应该面对全年龄段的受众,而不仅仅是少年和儿童。 因而,在动漫产业和旅游产业耦合发展的过程中,应面向所有层面的观众,在产品生产、宣传、管理方面除了考虑青少年和儿童的需要之外,还要考虑其他人群的需求特征和偏好。 这样才能将动漫产业和旅游产业做大做强,形成综合型的、高吸引力的产品。

(五)多样化的实施路径

动漫产品一般具有虚拟情节,人物、故事通过创造产生,不同于一般影视产品的实景拍摄,情境要素通过绘制而成。 动漫产业与旅游产业融合具有多样化的实施路径：

①一次性重大动漫节事。 通过举办一次性的但是影响力巨大的动漫节事活动实现动漫产业和旅游产业的融合发展。 这种实施路径的关键在于重大事件的选择，应选择那种影响力大、占有先机、被大众接受和偏好的事件。

②连续性的动漫节事。 通过周期性举办动漫节事实现动漫产业和旅游产业的融合。 在定期举办动漫节事的过程中不断完善旅游产品。 这种实施路径的关键在于事件的连续性，能够不断激起公众的关注度。

③动漫要素的旅游主题地域建设。 通过建设动漫主题要素的旅游区域实现动漫产业和旅游产业的融合发展。 以动漫主题要素为主要旅游吸引物的地域，建立动漫相关的地域 ICON，能够在游客的感知形象中占据领先的地位。这种模式的关键是动漫主题要素满足大众的需求，后期不断地进行产品更新。

④综合型发展。 综合使用动漫节事和主题地域的发展途径，成长为具有广泛吸引力的动漫旅游区域。

本章小结

动漫产业与旅游产业关联度较高，能够为旅游产业提供形象的载体和产品开发基础，主题公园和事件旅游是典型的融合产品形式。 动漫产业和旅游产业的融合，关键在于发展主题的选择、内容的丰富性，同时需要建立完善的联动机制，充分考虑市场的需求，构建多样化的发展路径。

第七章　杭州动漫产业与旅游产业融合发展研究

动漫产业与旅游产业的关联度较高，也是典型的文旅产业融合的代表。此章以杭州市为案例分析浙江省动漫产业和旅游产业的融合发展过程与特征。

一、杭州动漫产业发展溯源

（一）杭州动漫产业发展背景①

杭州市动漫产业萌芽于 20 世纪 80 年代，最早是为海外动漫产品做加工，著名卡通形象"机器猫"背后也有着杭州人的智慧。 同时杭州还曾是中国最大的连环画生产基地，如由浙江人民美术出版社出版的"世界文学名著连环画"丛书，在中国连环画史上留下了重要的一页。

杭州市作为长三角南翼中心城市，其经济总量连续多年居全国省会城市第二位，城市综合实力在国内同类城市中名列前茅。 随着人们精神文化需求的日益增长和经济的快速发展，杭州市委、市政府开始认识到文化产业的发展对经济增长的重要意义。 21 世纪初，杭州市委、市政府根据城市的定位及杭州在人才、创意、策划、组织、技术、设备、资金、经营方式等方面的优势，倡导发展"创意、休闲"产业，同时把动画产品列入杭州市文化精品工程，每年安排专项奖励基金，培育动画品牌，让动漫产业成为杭州市新的经济

---

① 根据资料整理，参见《杭州动漫产业发展的经验和启示》，http://www.ce.cn/cysc/cycy/cyjj/200709/10/t20070910_12851220.shtml。

增长点。

杭州市委、市政府的政策导向激起杭州市各界对文化产业发展的极大兴趣，一些与文化产业发展相关的活动、会展相继举行。2005 年初，杭州市在北京、上海、广州等 8 个强有力的竞争对手中脱颖而出，一举夺得中国首届国际动漫节的举办权，着力打造中国"动漫之都"。2005 年 6 月，杭州市成功举办了首届中国国际动漫节，在短短 5 天展期内，参加会展的观众突破 12 万人次，现场销售额达 1370 万元，合同成交额达 30 亿元，达成的合作交易项目有 500 余项；2006 年 4 月 28 日至 5 月 3 日，杭州市成功举办了具有国家级、国际性、专业化特点的第二届中国国际动漫节，参加会展的观众达 28 万人次，成交（含合同）金额达 37.6 亿元。2006 年 8 月，经国家广播电影电视总局批准，中国国际动漫节固定在浙江杭州举办。

杭州高新开发区动画产业基地是全国首批国家动画产业基地之一，是首批以科技园区命名的动画产业基地。基地主要涵盖了动画、漫画、游戏等动漫产业，有中南卡通等 22 家企业加盟，从业人员 3000 余人。截至目前，杭州市拥有动漫游戏企业 85 家，其中影视动画生产企业 43 家、漫画企业 2 家、游戏企业 22 家、动漫游戏衍生产品生产企业 18 家。注册资金达 4 亿多元，从业人员 1 万余人。杭州市已初步形成了集"产、学、研、销"于一体的动漫产业发展格局。

（二）杭州动漫产业现状解读

从 2005 年一举夺得中国首届国际动漫节的举办权开始，杭州着力打造中国"动漫之都"。经过 10 余年的发展，杭州的动漫产业从无到有、从小到大、从弱到强，成就显著。

1. 产业发展状况①

2017 年，杭州动漫游戏企业的相关企业达到 270 家，其中动画企业 49

---

① 根据相关网页内容及《2017 年杭州动漫产业发展年度报告》整理，http://www.sohu.com/a/228417743_467644。

家,漫画企业 30 家,游戏企业 137 家,相关企业 54 家,从业人员 1.24 万人,同时形成了由 1 家主板上市企业、1 家创业板上市企业和 10 余家新三板挂牌企业组成的产业集群。 全年产业营业收入 223.6 亿元,利润总额 15.78亿元,上缴利税 4.14 亿元。 动画片产量稳定在 1 万分钟左右,共生产原创动画片 9281 分钟,与 2016 年持平。 《昆塔 2·盒子世界》《咕噜咕噜美人鱼2》《大世界》等 3 部动画电影在银幕公映,《昆塔 2·盒子世界》票房突破5000 万元;全年漫画发行量突飞猛进,共发行漫画 68.63 万册。 游戏生产也有较大增长,共制作完成各类游戏 933 款。 动漫产业发展态势良好。

2. 政策扶持力度大①

2005 年起,杭州市率先在全国范围内推出动漫产业扶持政策,并设立动漫游戏产业专项资金(5000 万元),用于对动漫游戏产业的奖励、资助、贴息等。 此后专项资金最多达到 7000 万元,尤其是近两年来的扶持兑现力度较大。 2005 年至 2017 年,杭州市提出五轮扶持政策。 其中 2017 年新推出《关于推进杭州市动漫游戏产业做优做强的实施意见》(市委办〔2017〕77号),新政从 2014 年的 31 条浓缩为 18 条,主要涉及鼓励精品力作、鼓励开拓海外市场、鼓励开展资本运作、鼓励做强公共服务四大板块。 2018 年专项资金扶持项目 175 个,主要包括电视台播出、电影票房、出版物发行、舞台剧票房、新媒体播映、作品获奖、境外版权授权、参展等扶持项目类别,涉及金额近 3000 万元,此外,对重点引进的动漫游戏行业会展活动进行了资金扶持。 新政与专项资金结合,将进一步助推杭州打造原创动漫精品。

3. 动漫地域化发展:杭州十大动漫相关产业园

依托文化创意产业的发展,与动漫相关的产业园区共有十个。 依托于文化创意产业的发展,杭州动漫产业逐渐向地域化发展,形成了与动漫相关的产业园区,包括西湖创意谷、之江文化创意园、西湖数字文化创意园、运河天

---

① 根据检索资料整理,参见《做动漫游戏产业,杭州可谓"天堂"》,http://www. hangzhou. gov. cn/art/2018/12/5/art_812270_26392022. html。

地文化创意园、杭州创新创业新天地、创意良渚基地、西溪创意产业园、湘湖文化创意产业园、下沙大学科技园、白马湖生态创意城等十处。①

①西湖创意谷。 2007年4月22日，杭州西湖大道与定安路路口的开元中学旧址被一个新名称代替——西湖创意谷开元198。

②之江文化创意园。 2008年4月7日，凤凰·国际创意园的标志性建筑——双流水泥厂向世人展现其后工业时代的野性和粗犷之美。

③西湖数字娱乐产业园。 位于文一西路75号，汇聚着中国博客网等52家数字娱乐类企业。

④运河天地文化创意园。 始创于1958年的杭州化纤厂，当时是中国大陆首批建造的4家化纤厂之一。 现改名为LOFT49，为艺术时尚的基地。

⑤杭州创新创业新天地。 将原杭州重型机械厂地块打造成集文化娱乐、商业休闲、科研孵化、新兴都市工业于一体的杭州次级商务商业中心。

⑥创意良渚基地。 主要由中国良渚文化村片区、良渚城镇一期行政商务片区和二期商业街区组成。

⑦西溪创意产业园。 位于西溪湿地片区之内，主要由艺术村落区和创意产业区两大部分组成。

⑧湘湖文化创意产业园。 园区位于休博园威尼斯水城区块，主要发展艺术设计、文化休闲旅游及文化会展等产业。

⑨下沙大学科技园。 杭州下沙地区联合各高校，发展十大特色产业园，包括工业设计、影视制作、时尚设计、传媒文化等产业。

⑩白马湖生态创意城。 位于钱塘江南岸的杭州滨江区白马湖区域，依靠这里的农居和山水田园风光，成为一个杭州的"童话王国"。

---

① 《杭州十大文化创意产业园》，http://www.cctv.com/cartoon/special/hangzhoucomic/chanyeyuan/。

(三)杭州动漫发展新动向

1. 电竞之都

2017 年 6 月 8 日,LGD 战队在杭州西湖召开新闻发布会,宣布正式落户杭州,旗下的 Dota2、英雄联盟等多支主要战队都将入驻位于杭州市下城区石桥数娱电竞小镇的星际影城。 同时浙江首个电竞小镇和网游小镇也宣布启动,未来杭州将打造一个涵盖赛事、直播、综艺、动漫、明星粉丝经济等在内的电子竞技上下游产业聚集地。 杭州将出台相关政策,鼓励发展一个全产业链融合、绿色健康的电子竞技产业,期待今后能有更多的游戏企业、电竞平台、赛事组织、相关活动落户杭州,将杭州打造成"电子竞技之都"。[①] 2017 年 12 月 22 日,由杭州市文化创意产业办公室(中国国际动漫节节展办公室)主办,由腾讯电竞、腾讯游戏和英雄联盟协办的杭州电竞峰会在杭州创意设计中心举行。 作为"电竞之都"启动区域的电竞小镇占地总面积超过 17000 平方米,投资 20 亿元建造而成,LGD 俱乐部在这里建立了办公室和会馆场所。 "海蓝电竞国际数娱中心"是这一小镇的领头项目,其中包括专用办公室、专业电竞比赛场馆、配套公寓、多功能展厅、配套商业区等场所。[②] 该小镇于 2018 年 11 月对外开放,已经成功引入了 125 家企业,并在 14 个项目上总共投入超过 154 亿元,未来将打造百万平方米电竞发展平台和庞大的产业链,引入上万名电竞精英,至少 10 家电竞俱乐部,并举办上千场电竞赛事,打造 3A 级景区。

2. 动漫之都 2.0 版

2005 年,杭州率先在全国出台扶持动漫产业政策。 经历 10 多年的发展,杭州完成了中国"动漫之都"的初步建设目标。 2018 年开始,杭州全面

---

① 《杭州举办电竞峰会,"动漫之都"也要力争成为"电竞之都"》,https://www.sohu.com/a/212330286_696247。

② 《斥资 20 亿元!杭州重金建设电竞小镇正式开放 将打造成 3A 级景区》,https://baijiahao.baidu.com/s? id=1617915885881662896&wfr=spider&for=pc。

推动"动漫之都"建设从 1.0 版升级到 2.0 版,并开始实施新的《持续推动杭州"动漫之都"建设行动计划(2018—2020 年)》。 未来 3 年,"动漫之都"杭州将朝网络化、协同化、生态化、国际化方向发展。 预计到 2020 年,杭州动漫游戏产业总产值将实现 260 亿元的目标。 为实现"动漫之都"2.0 版的全新升级,杭州将实施以下五大工程。①

(1)节展提升工程,精心打造中国国际动漫节

中国国际动漫节举办 13 年以来,已成为杭州"动漫之都"城市品牌不可或缺的组成部分。 未来,杭州将继续发挥中国国际动漫节的产业引导与辐射作用,从提高节展影响、扩大节展规模和延伸节展效益三方面着手,突出动漫游戏产业作为战略性新兴产业的规模性与融合性,通过节展引导,推进杭州市动漫游戏产业的供给侧结构性改革。

(2)精品培育工程,支持原创动漫游戏精品创作

杭州将以原创助推"动漫之都"2.0 版的建设,促进动漫游戏产业进一步集约化、精品化、国际化,以更大的力度支持原创动漫游戏精品的创作生产。预计到 2020 年,杭州将累计推出不少于 50 部的精品动漫作品,40 款左右的精品游戏。 通过政策推动动漫游戏产业的品牌化建设,培育知名动漫游戏创意品牌,扩大精品动漫游戏产品消费,支持优秀企业做大做强。

(3)跨界融合工程,助推动漫元素融入多种业态

为促进动漫游戏产业与城市发展的深度融合,未来杭州将着力提高动漫元素与相关产业形态的融合度,以本土原创为核心,扩大产业外延,充分运用AR、VR 等创新科技手段提高动漫游戏产品的竞争力。 推进"动漫+"行动落地,鼓励社会企业策划与承担"动漫+信息""动漫+电商""动漫+金融""动漫+健康""动漫+高端装备""动漫+特色小镇"等与杭州"十三五"规划发展方向相契合的行动方案。 深化动漫产业在城市间联动,推动"动漫+"全域式发展。

---

① 《杭州动漫发布三年行动计划 打造"动漫之都 2.0 版"》,https://zj.zjol.com.cn/news.html? id=857089。

（4）人才集聚工程，打造动漫游戏双创人才高地

近年来，具有国际影响力的漫画家蔡志忠、朱德庸、黄玉郎，青年漫画家慕容引刀、十九番等纷纷落户杭州，为杭州动漫注入了有生力量，人才集聚效应也吸引了深圳方块动漫、北京华映星球、网易等国内动漫游戏产业名企选择杭州。 为让动漫人才在杭州集聚，杭州将推出：专项人才吸引计划、双创人才激励计划和大学生创业云计划。 依托杭州新一轮人才引进"521"计划与六大人才计划、六大人才工程，借力杭州众多高校及创业学院的资源，将"动漫之都"2.0 版打造为双创人才高地。

（5）国际交流工程，推动杭州成为世界动漫之都

2017 年，中国国际动漫节吸引了全球 82 个国家的 2000 余家中外企业的参与；"动漫万里行"项目扶持"杭产动漫"国际参展遍布全球 11 个国家，达成意向合作并签约的金额超过 7000 万美元；多部动漫作品成功进军海外市场，国际交流硕果累累。 未来，杭州将充分依托由 G20 杭州峰会、联合国全球创意城市、联合国全球学习型城市、2022 年亚运会等搭建的文化联系通道，实施"动漫＋一带一路""动漫＋中华文化""动漫＋电子竞技"和建好"杭州中国动漫博物馆"工程，把握"后峰会、前亚运"的历史契机，对外讲好杭州故事，丰富"动漫之都"的国际元素，提升"动漫之都"的国际影响力。

二、杭州动漫产业和旅游产业融合发展

杭州动漫产业和旅游产业融合发展的主要表现在于事件旅游，通过动漫节庆事件开展文旅融合，进而实现文旅地域融合发展。

（一）杭州中国国际动漫节缘起

2003 年，杭州以浙江中南集团卡通影视有限公司等企业的成立为标志，开始在动漫领域进行自主原创的产业化探索；2004 年 4 月，国家广电总局制定颁发了《关于发展我国影视动画产业的若干意见》，明确了国产影视动画产

业发展的指导思想、创作方向、发展思路和管理模式，促进了国产影视动画以较快速度发展；2004 年的杭州，发展动漫游戏产业面临着良好机遇，"建设数字杭州、构筑天堂硅谷"和打造"休闲之都"的城市功能定位十分适合发展动漫游戏产业；2004 年 12 月，杭州高新开发区动画产业园成为国家广电总局命名的全国首批国家动画产业基地之一，是首批唯一以科技园区命名的动画产业基地；2005 年，杭州在与国内诸多城市的竞争中脱颖而出，获得了中国国际动漫节的主办权；2005 年 11 月，杭州西湖区的国家数字娱乐产业园被文化部批准为国家数字娱乐产业示范基地，以数字化、技术化带动文化产业的跨越式发展。①

（二）首届动漫节

中国国际动漫节由国家广播电视总局、浙江省人民政府主办，杭州市人民政府、浙江省广播电视局和浙江广播电视集团承办，是中国唯一的国家级动漫专业节展，也是目前规模最大、人气最旺、影响最广的动漫专业盛会，先后被国家"十一五"和"十二五"文化发展规划纲要列为重点扶持的文化会展项目。中国国际动漫节自 2005 年以来每年春天固定在杭州举行。首届中国国际动漫节于 2005 年 6 月 1 日至 6 月 5 日在中国浙江杭州举行，这是我国首次举办的国家级国际性动漫节。动漫节以振兴中国动漫产业为宗旨，突出"中华牌、国际性、产业化"的特点。首届中国国际动漫节的主题是"动漫之都、时尚盛会"，共设有中国国际动漫产业博览会、国际动画及数字媒体艺术奖项评选、中国国际动漫游戏产业高峰论坛、经典动画影视周、开幕式巡游演出、动漫卡通形象巡游活动、中日韩时尚动漫盛典、动漫原创作品征集评选、动漫人才招聘大会、合作项目签约仪式以及动漫节闭幕式颁奖盛典等一系列活动。首届中国国际动漫节取得的成就可总结如下。②

规模大。首届（2005）中国国际动漫节的举办场地——动漫产业博览会

① 根据百度百科资料整理，https://baike.baidu.com/item/％E4％B8％AD％E5％9B％BD％E5％9B％BD％E9％99％85％E5％8A％A8％E6％BC％AB％E8％8A％82/9735521？fr＝aladdin。

② 搜狐数码，http://digi.it.sohu.com/20060426/n242996608.shtml。

展区总面积 2 万平方米，展位总数 1000 余个。 共有 13 个国家或地区的动画产业和教研基地参加，并有美国迪士尼、英国 BBC、日本小学馆、中国香港玉皇朝、中国台湾鸿鹰等知名机构的原创作品参展，是当时国内乃至亚洲规模超前、影响最大的动漫展之一。

门类全。 首届（2005）中国国际动漫节中，既有专业性的展示和论坛，又有群众性的参与和互动，博览会的展示内容还包括国内外动漫制作企业、动漫原创作品、动漫人才信息、动漫衍生产品和出版物、动漫嘉年华表演等。

名家多。 世界动画学会创始人、克罗地亚动画大师波尔多·多文考维奇，韩国国际动画节组委会主席朴世亨、东京国际动画节执行委员久保雅一，美国迪士尼著名角色设计师张振益，日本 Asunaro 株式会社总裁石川一郎，以及香港、台湾和内地的知名动画大师黄玉郎、马荣成、赖友贤、王中元、金国平、张松林、戴铁郎、许江等 114 位国际名家参加了本届动漫节，20 多位内地知名漫画家到博览会现场签售。

效益好。 首届（2005）中国国际动漫节观众突破 12 万人次，达成合作交易项目 500 余项，合同（意向书）成交额达 30 亿元。

影响大。 境内外 200 多家媒体 1100 多名记者齐聚动漫节。 中央电视台、《人民日报》等全国各大媒体以及美国《洛杉矶时报》、日本《朝日新闻》、NHK 电视台等都对其做了大量报道。 浙江卫视、上海炫动卡通卫视、杭州电视台对首届国际动漫节的相关活动进行了直播。

（三）动漫节的发展

2006 年开始，杭州成为中国国际动漫节的永久举办地。 至 2019 年，动漫节已经连续举办了 15 届。 从举办时间上来看，除首届在 6 月 1 日至 6 月 5 日举行之外，其余各届动漫节均在 4 月底至 5 月初举行；从参与国家和地区的数量来看，由 24 个增加至 86 个；参观者由 12 万人次增加至 143.6 万人次；交易总额由 8 亿元增加至 165.04 亿元；博览会面积从 2 万平方米发展为 8 万平方米；展商数量由 120 家增加至 2645 家。 从历届动漫节的数据对比来看，杭州国际动漫节发展快速，成就显著（见表 7-1）。

表 7-1　杭州历届中国国际动漫节

动漫节	举办时间	国家和地区数（个）	参观人数（万人）	交易总额（亿元）	博览会展览面积（万平方米）	展商数量（家）
第一届	2005.6.01—6.05	/	12.00	8.00	2.00	120
第二届	2006.4.27—4.29	24	28.00	22.00	4.60	130
第三届	2007.4.28—5.04	23	43.00	41.00	4.60	260
第四届	2008.4.28—5.03	37	67.00	41.00	6.00	280
第五届	2009.4.28—5.03	38	80.00	65.00	6.00	300
第六届	2010.4.28—5.03	47	161.00	106.00	6.00	365
第七届	2011.4.28—5.03	54	202.00	128.00	6.00	425
第八届	2012.4.28—5.03	61	208.00	146.00	6.00	461
第九届	2013.4.26—5.01	68	123.00	136.20	8.00	472
第十届	2014.4.28—5.03	74	138.30	138.78	8.00	602
第十一届	2015.4.28—5.03	78	137.29	148.46	8.00	617
第十二届	2016.4.26—5.02	80	138.15	151.63	8.00	2531
第十三届	2017.4.26—5.01	82	139.45	153.28	8.00	2587
第十四届	2018.4.26—5.01	85	143.35	163.21	8.00	2641
第十五届	2019.4.30—5.05	86	143.60	165.04	/	2645

资料来源：中国国际动漫节官网资料。

（四）动漫节的现状

至 2019 年，中国国际动漫节已经举行了 15 届。其中第十五届动漫节于 2019 年 4 月 30 日至 5 月 5 日在杭州滨江白马湖动漫广场举行。本届动漫节秉承"动漫盛会·人民节日"的办节宗旨，以"办好第十五届动漫节，喜迎中华人民共和国成立 70 周年"为主题，设立了 1 个主会场和 12 个分会场，组织实施了 45 项主要活动和工作，共吸引了 86 个国家和地区参与。① 此次动漫

①《第十五届中国国际动漫节刷新五项纪录》，《杭州日报》，2019 年 5 月 6 日，http://www.hangzhou.gov.cn/art/2019/5/6/art_812262_33953271.html。

节与时代相结合，特别推出以"你好，新时代"为主题的彩车巡游活动，展示70 年来的优秀动漫作品。 同时，以纪念马克思 200 周年诞辰为主题的网络动画《领风者》，以及动画电影《白蛇：缘起》等国产优秀作品也将精彩亮相。2019 年，动漫企业迪士尼首次参加动漫节，带来漫威漫画 80 周年精品，电子游戏企业索尼娱乐也是首次参展。 本届动漫节的参与国家和地区数及办展规模、参与人数、交易金额、节展效益刷新了五项纪录，再创历史新高，参观人数达到 143.6 万人次，交易总额达 165.04 亿元，展商数量共 2645家。 另外，汉服元素强势出现，专门推出国风汉服馆，彰显历史文化和自信。 中国国际动漫节历经 15 年，已经取得了显著的成就，对杭州经济和文化的发展均起到推动作用。

三、杭州动漫产业和旅游产业融合发展的问题与对策①

(一)中国国际动漫节初期存在的问题

自 2005 年以来，杭州已成功举办了十五届中国国际动漫节，并且从第三届开始杭州成为中国国际动漫节的永久承办地。 从动漫节发展来看，不论是主办方、承办方还是大众都给予了很高的关注度，成效颇为显著，动漫活动日益丰富，取得的经济和社会效益增加明显。 从动漫产业和旅游产业融合的角度来看，主要以事件节庆的形式出现，逐渐开始多样化，取得了一定的成效。 但是在动漫产业发展的初期，动漫核心产品和衍生产品处于各自的上升发展阶段，处于产业链中的不同产品之间的融合和互动还没有实现良好的耦合。 作为动漫产业和旅游产业融合的动漫节也出现过明显的问题。

---

① 注:本节以 2008 年及之前的实地调查和收集的资料为基础分析杭州动漫节发展初期存在的问题。

1. 内容多样,但空间分散

历数已经开展的动漫节,其内容基本涵盖展览、论坛、大赛、活动四个板块,其下又设置系列内容,其中以动漫产业博览会、动漫产业高峰论坛、美猴奖原创动漫大赛为主要活动,尤其是动漫产业博览会参与人员众多。 各种活动在不同的地点举办,尤其是前三届,会展中心、酒店、广场、剧院、主题公园、少年宫等地点均被作为举办地。 如此多的节目活动和变换的地点导致受众对动漫节很难形成总体的形象定位和感知。 这种情况对吸引大众参与动漫节不利。

2. 参与者众多,但旅游还未成为"重头戏"

动漫节在举办过程中,参与者众多,尤其是动漫产业博览会,大众对其表现出浓厚的参与热情。 2008 年动漫节参与动漫产业博览会的人数达到 40.3 万人次,其中 2008 年 5 月 2 日动漫产业博览会现场人数达到 18805 人(见图 7-1、图 7-2)。 据实地观察,在众多的参与者中以儿童、家长和青年人居多,家庭是常见的游客群体。 动漫节虽然是国家级产业节事活动,但其宣传、经济、贸易的功能明显高于旅游。 这一点从动漫节的活动安排、成效就能很明显地体现出来。 从目前动漫节的内容安排来看,针对旅游的设计很少。 从 2008 年杭州动漫节的现场来看,多数活动未针对所有公众,仅动漫产业博览会、表演、播映等活动针对游客开放。 动漫产业在发展初期还停留在动漫产品制作和销售、产业基地建设等方面,如何与旅游业更加良好地互动还没有提上日程。

现场观众   即时人数显示

场馆外广场   道路上

图 7-1   2008 年第四届动漫产业博览会场馆外观众情况（一）

图片来源：笔者实地拍摄。

图 7-2   2008 年第四届动漫产业博览会场馆内观众情况（二）

图片来源：笔者实地拍摄。

3. 供给与需求的不对称

据 2008 年实地调查，广大公众认为动漫节与普通节事活动相差无几，加之动漫节在内容设置、管理等方面还存在一定的疏漏，导致公众对动漫节存在一定程度的误解。从供给来看，动漫产业博览会主要是动漫产业核心产品和衍生产品经营者、产品与普通消费者之间的贸易行为，而普通参观者却将其理解为以动漫为主题的旅游活动，从而造成了供给与需求的不对称，使游客的满意度降低（见图 7-3、图 7-4）。

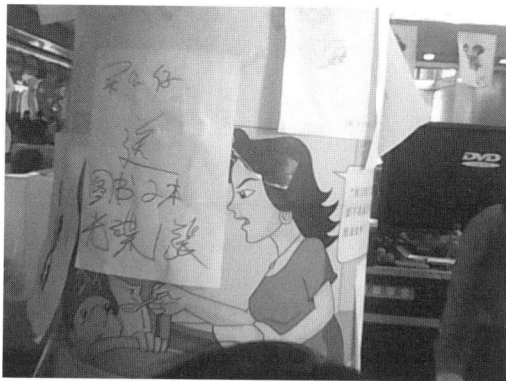

图 7-3 2008 年第四届动漫产业博览会参展企业宣传用语

图片来源：笔者实地拍摄。

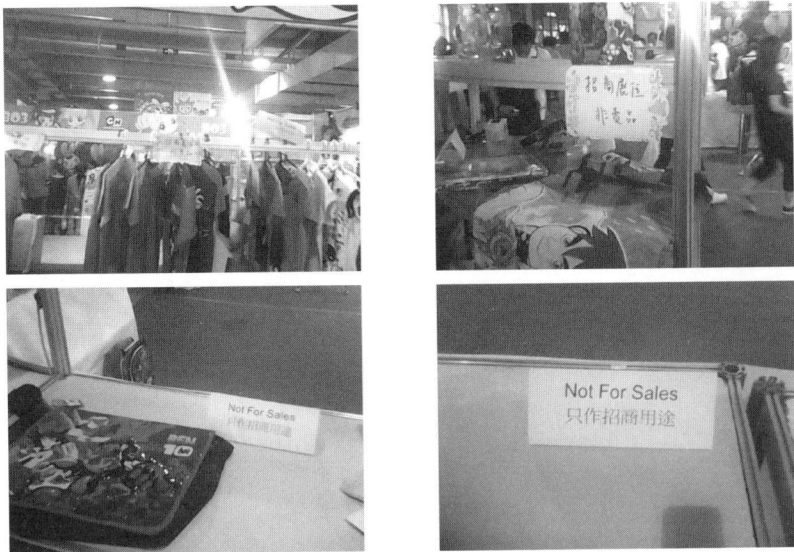

图 7-4　2008 年第四届动漫产业博览会参展商品非卖标识

图片来源:笔者实地拍摄。

　　笔者在 2008 年动漫产业博览会期间调查发现,游客参与动漫节的动机是游览,游客在场馆内拍照、参观,一些参与式的节目得到大众的高度认可。游客对动漫产业博览会的认识是以动漫为主题的旅游活动。尽管游客可以拍照留念的场景、吸引物很少,更多的是参展商品,但游客仍抓住一切可以拍摄的标识、人物、背景进行拍照留念(见图 7-5、图 7-6)。

图 7-5　2008 年第四届动漫产业博览会游客拍摄动漫产品

图片来源:笔者实地拍摄。

图 7-6　2008 年第四届动漫产业博览会游客拍照留念

图片来源：笔者实地拍摄。

在参与旅游的动机下参加动漫产业博览会必然会导致游客的满意度下降。"今天来做什么都不知道""早知道这样就不来了"是在现场观察后能听到的游客抱怨。游客在心理感知上对动漫节和动漫产业博览会的认识不到位，带着观看动画片、动漫明星等心态来到动漫产业博览会的现场，从而产生失望情绪。

4. 组织与管理有待完善

游客将动漫产业博览会和动漫节庆相混淆这一事实与动漫节组织与管理上的漏洞有一定的关联。以 2008 年为例，动漫产业博览会依然是动漫节的重心和核心。在动漫节期间，杭州大部分街道两侧都被动漫节、动漫产业博览会的宣传所占用，其标志性的宣传用语有"中国国际动漫产业博览会""动漫的盛会、人民的节日""第四届中国国际动漫节"，而且明确标注动漫节的地点是休博园（见图 7-7）。杭州电视台字幕宣传："五一小长假，参与动漫节，请去休博园。"从第四届动漫节的地点来看，休博园的确是主会场，很多参与式的活动均设在此，但分散在不同的时间进行。由于主题公园具有门票价格高的特点,所以游客对于多次重复消费主题公园的门票的意愿不高。 动漫产业博览会的举办地点虽然是宣传上的休博园,但是在休博园对面的专用场馆,门票 35 元/人,相对于主题公园的门票较为便宜。 这是造成动漫产业博览会参与人员多的主要原因之一。

图 7-7　2008 年第四届动漫产业博览会墙壁宣传

图片来源:笔者实地拍摄。

在游客参与较多的动漫产业博览会中,由于产业博览会场是以各个企业展位为主,过多的参观者涌入,会造成展会组织与管理上的压力。 场馆内人满为患,参观者席地而坐,垃圾随处可见。 快餐在馆外,限制了游客参观时间;在出口处有外卖,但人多到没地方吃饭(见图 7-8、图 7-9)。 其他方面也需完善,如虽然凭动漫产业博览会的门票可以免费乘车,但还是存在游客候车时间过长的情况,游客颇有怨言。

图 7-8　2008 年第四届动漫产业博览会游客用餐场景

图片来源:笔者实地拍摄。

图 7-9　2008 年第四届动漫产业博览会某展位

图片来源:笔者实地拍摄。

(二)中国国际动漫节的提升策略

经过近 15 年的发展,中国国际动漫节已成为浙江文化会展业和文化创意产业的"金名片",并被确定为"中华文化走出去工程"重点扶持的文化交易平台。①
动漫产业和旅游产业的融合也度过困惑期,采取了一系列有效的提升策略。

1. 产品旅游化

动漫节是动漫产业和旅游产业相结合的一种衍生产品,也是一种耦合型
产品,增强受众对动漫节的感知和认可是促进旅游产业和动漫产业实现良性
耦合的有效途径之一,也是从需求层面完善动漫节的重要措施。 尤其是对动
漫产业博览会的宣传和组织应在受众层面加大力度,使公众了解产业博览和
节庆之间的区别,以提升游客的感知程度和满意度。 同时在动漫节发展过程
中应认识到节庆旅游的属性,加强旅游产品开发。 初期阶段,中国国际动漫
节明显存在旅游主题产品不足的问题,针对公众参与带着"游"的心理期望和
行为特点,动漫节在活动设置方面应进一步增加旅游活动的含量。 如在购票
入内的动漫产业博览会中增加公众可以参与的活动,将趣味活动、旅游活动
融合到动漫产品的销售和展览过程中。 尤其应增加针对家庭、少年儿童的参
与式活动和展览。 另外,在动漫节期间还可以增加一些融合动漫的旅游专项
活动,充分利用动漫明星的影响力举办旅游活动,其地点既可以在既有的景
区内部,又可以在公共场所。

在中国国际动漫节后续发展过程中,动漫产业发展力度日益增大,虽仍
以动漫产业为重头戏,但随之表现出来的是产品旅游化,会展、活动等旅游的
内容明显增多,公众参与的人数也随之快速增加。 第一届十大活动中开幕
式、动漫 cosplay 秀、千人环湖轮滑大赛活动面向大众游客。 第六届动漫节
各种主题活动明显增多,"酷卖街·创意市集"、彩车巡游、签售会等内容更
加大众化(见表7-2)。 第九届专门设有动漫迷推荐活动日程,将公众分为普
通大众和专业人员两种类型,活动更加丰富。 从第九届开始,动漫节举办时
间依照"五一"假期时间进行调整,便于公众在节假日期间参与动漫节(见表
7-3)。 第四届彩船巡游在休博园内举行。 第五届动漫狂欢巡游新装登场,

---

① 《第八届中国国际动漫节闪亮登场》,http://www.hangzhou.gov.cn/art/2012/4/29/art_
812254_236501.html。

在动漫节期间每天上演，整个巡游队伍由 10 多辆彩车组成多个方阵，包括铜管乐演奏、杂技、cosplay 等多种表演形式，并于 2009 年 5 月 1 日下午，在萧山区主要路段举行，吸引众多市民的关注，掀起了狂欢的高潮。 2019 年第十五届动漫节开设了动漫互动秀和更盛大的彩车巡游，巡游路线由早期的主会场发展至城市中心地段——下城区中山北路创意街区（凤起路—体育场路段），参与的受众面更广（见表 7-4）。

表 7-2　2010 年第六届中国国际动漫节主要活动

序号	活动名称	时间	地点
1	第六届中国国际动漫节新闻发布会	4 月 27 日 16：00	休博园第一世界大酒店第一世界厅
2	2010 年国际动画片交易会开幕式	4 月 28 日—29 日	休博园第一世界大酒店
3	中国国际动漫产业项目投资洽谈会	4 月 28 日—29 日	休博园第一世界大酒店
4	"特伟动画作品回顾"暨国际动画片展映系列活动	4 月 28 日	休博园会展中心
5	"深圳方块日"主题活动		
6	招待宴会	4 月 28 日 17：30	杭州国际会议中心
7	"中南之夜"第六届中国国际动漫节开幕式文艺晚会	4 月 28 日 20：00	浙江黄龙体育中心
8	第六届中国国际动漫产业博览会开幕剪彩仪式	4 月 29 日—5 月 3 日 9：00—10：30	休博园会展中心
9	第六届中国国际动漫产业高峰论坛	4 月 28 日—30 日	休博园第一世界大酒店
10	中国动漫博物馆奠基仪式	4 月 29 日 下午	滨江白马湖生态创意城动漫广场
11	中国国际动漫产业项目签约仪式		滨江白马湖生态创意城
12	动漫企业握手酒会	4 月 29 日 17：30	休博园第一世界大酒店
13	第六届中国国际动漫节"美猴奖"颁奖典礼暨全国首部动漫情景歌舞剧《魔幻仙踪》首演	4 月 29 日 19：30	杭州大剧院歌剧院

序号	活动名称	时间	地点
14	"中南日"主题活动		滨江 UT 斯达康大楼
15	"梦工厂日"主题活动	4 月 29 日	休博园会展中心
16	"普达海日"主题活动		
17	国际动漫节杭州峰会	4 月 30 日 15:30	之江文化创意园"凤凰创意国际"
18	第六届中国国际动漫节人才招聘会	4 月 30 日—5 月 1 日	休博园会展中心江南水乡
19	"酷卖街·创意市集"——2010 中国国际动漫节专场	4 月 28 日—5 月 3 日	休博园会展中心圣马可广场
20	中国国际动漫节"普达海"动漫彩车巡游	4 月 28 日—5 月 3 日每天上下午各一场	休博园会展中心、杭州市区
21	"水上舞台"动漫秀	4 月 28 日—5 月 3 日	休博园会展中心水上舞台
22	2010 中国 cosplay 超级盛典	4 月 29 日—5 月 2 日	休博园第一世界大剧院
23	动漫名家签售	4 月 29 日—5 月 3 日每天上下午	休博园会展中心
24	"天眼杯"中国国际少儿漫画大赛	2009 年 11 月—2010 年 5 月	杭州市青少年活动中心
25	第六届中国国际动漫节闭幕式	5 月 3 日 15:00	休博园会展中心
26	"白马湖动漫周"——第六届中国国际动漫节分会场活动		滨江白马湖生态创意城动漫广场
27	"动漫衍生产品展"——第六届中国国际动漫节分会场活动	4 月 28 日—5 月 3 日	下城区中山北路创意文化商业特色街
28	"品质之江 美丽凤凰"——第六届中国国际动漫节分会场活动		之江文化创意园——"凤凰创意国际"
29	"首届大学生动画声优大赛"——第六届中国国际动漫节分会场活动	4 月 28 日—5 月 3 日	浙江传媒学院
30	"汽车漂移大赛"——第六届中国国际动漫节分会场活动	5 月 1 日—2 日	浙江黄龙体育中心

续　表

序号	活动名称	时间	地点
31	"奇幻世界"展览——第六届中国国际动漫节分会场活动	4月15日—6月15日	市民中心杭州图书馆
32	"人体动漫秀暨海洋动漫嘉年华"——第六届中国国际动漫节分会场活动	4月28日—5月3日	杭州极地海洋公园
33	"笑忘书"华君武世纪漫画展——第六届中国国际动漫节分会场活动	4月28日—5月3日	余杭良渚镇

资料来源:第六届中国国际动漫节_专题_新浪城市,http://city.sina.com.cn/nz/cicaf2010/index.shtml。

表7-3　2013年第九届中国国际动漫节日程

官方主要活动日程				动漫迷推荐日程			
日期	内容	时间	地点	日期	内容	时间	地点
4月25日	新闻发布会	15:00—16:30	建国饭店宴会厅				
	动漫产业交易会参会企业见面会	19:30—20:30	建国饭店C座1楼				
4月26日	中英动漫教育分论坛开幕式	9:00—10:00	中国美院南山路校区美术馆	4月26日—5月1日	动漫产业博览会	9:00—17:00	白马湖会展中心A馆、B馆
	动漫产业交易会开幕式	9:00—11:00	建国饭店B座		国际动画电影周暨"金猴奖"优秀影片展映	少儿频道:每天18:00—21:00	杭州各大影院、白马湖动漫广场
	高峰论坛大师班	14:30—16:30	建国饭店B座				
	澳门馆开馆剪彩仪式	15:00—16:00	白马湖会展中心A馆		酷卖街·动漫市集	9:00—17:30	拱墅区运河天地
4月26日	"中南之夜"第九届动漫节开幕式暨"金猴奖"颁奖晚会(为悼念雅安地震已取消)	20:00—21:30	浙江省人民大会堂主会场	4月26日—4月30日	中国cosplay超级盛典总决赛	10:00—17:00	白马湖会展中心B馆地下一层

续 表

	高峰论坛主论坛	9:30—12:00	建国饭店B座	4月27日—5月1日	动漫名家签售		白马湖动漫广场B馆四楼A厅
4月27日	第九届法制动漫大赛颁奖暨"动漫知识产权保护"分论坛	9:00—12:00	白马湖动漫广场B馆	4月27日—4月30日	动漫互动秀		白马湖动漫广场
	中国动漫名家访谈交流会	14:00—16:00	建国饭店B座	4月27日	声优大赛总决赛	19:00—21:00	浙江传媒学院下沙校区
4月28日	名家漫画作品展开展仪式暨中国动漫博物馆藏品捐赠活动	9:30—10:30	建国饭店B座	4月28日—4月29日	名家漫画作品展	9:00—17:00	建国饭店B座宴会厅
	翻翻—集英社发布会	15:00—17:00	华美达酒店				
4月29日	动漫人才招聘会	9:30—16:00	中国美院南山路校区室内体育馆				
4月30日	世界cosplay活动战略合作联盟研讨交流会	14:00—16:00	建国饭店B座	4月30日	第三届中国漫画拍卖会	14:00—17:30	建国饭店B座
5月1日	动漫节闭幕式	15:00	建国饭店B座	5月1日	"动漫雏星耀西溪"原创动漫音乐会	9:30	西湖区中国湿地博物馆分会场

资料来源：http://donghua.cctv.com/special/djjzggjdmj/shouye/。

表 7-4 第十五届中国国际动漫节主要活动一览

序号	日期	活动名称	时间	地点
1	2018年11月—2019年5月	"天眼杯"中国（杭州）国际少儿漫画大赛		杭州

续　表

序号	日期	活动名称	时间	地点
2	2018 年 12 月—2019 年 4 月 28 日	优秀动漫作品评析		杭州
3	4 月 27 日—28 日	动漫声优总决赛	白天	浙江传媒学院
4	4 月 28 日	动漫声优决赛颁奖典礼	19:30	浙江传媒学院
5	4 月 29 日	漫创中国	9:00—12:00	建国饭店宴会厅 AB
6	4 月 29 日	2019 青年动画创投大会暨青年动画导演扶持计划发布仪式	14:00—19:30	艺创小镇凤凰创意大厦 3A 多功能区
7	4 月 29 日	动漫节新闻发布会	15:00	建国饭店宴会厅 AB
8	4 月 29 日—5 月 1 日	国际动漫游戏商务大会（IABC）	全天	第一世界大酒店
9	4 月 29 日	国际动漫游戏商务大会（IABC）欢迎晚宴	18:00—21:00	第一世界大酒店热带雨林厅
10	4 月 30 日—5 月 5 日	动漫产业博览会		白马湖动漫广场展览馆
11	4 月 30 日	动漫高峰论坛主论坛	9:00—12:30	建国饭店宴会厅 AB
12	4 月 30 日	动漫高峰论坛大师班一	14:30—17:50	建国饭店宴会厅 B
13	4 月 30 日	"中国动漫走出去"推介会	14:30—17:00	建国饭店宴会厅 A
14	4 月 30 日	"中国动漫走出去"商务洽谈会	15:00—17:00	建国饭店二楼 3B＋3C
15	4 月 30 日	少儿 IP 产业论坛——暨天雷动漫"童心未来"IP 战略发布会	14:30—17:00	B 馆二楼报告厅
16	4 月 30 日—5 月 5 日	动漫互动秀		白马湖动漫广场周边
17	4 月 30 日	"优秀动漫作品评析"揭晓仪式	19:30—21:00	杭州文广集团演播厅
18	5 月 1 日	中南卡通发布会	9:30—12:30	建国饭店宴会厅 B
19	5 月 1 日	动漫高峰论坛新锐班	9:30—12:30	建国饭店宴会厅 A
20	5 月 1 日	动漫高峰论坛大师班二	14:30—17:50	建国饭店宴会厅 B

序号	日期	活动名称	时间	地点
21	5月1日— 5月4日	中国 cosplay 超级盛典总决赛	全天	白马湖 B 馆地下一层
22	5月2日	动漫高峰论坛大师班三	9:30—12:30	建国饭店宴会厅 B
23	5月3日	"天眼杯"国际少儿漫画大赛颁奖仪式	15:00	西湖区昭庆寺里街22 号杭州青少年活动中心
24	5月4日	动漫彩车巡游	10:00	下城区中山北路创意街区（凤起路—体育场路段）
25	5月5日	第十五届中国国际动漫节总结通报会	15:00	建国饭店宴会厅

资料来源：http://www.cicaf.com/content/2019-04/03/content_7171762.html。

　　动漫节在面向公众活动的场所中增加了喜闻乐见的动漫主题人偶、场景，满足游客观赏、合影等体验需求。例如，第五届中国国际动漫节新增了动画影城、原创馆、欢乐谷等互动游乐区域，为游客和市民提供游玩休息的场所，并强化夜间环节，保留广场活动，延长动漫馆的开放时间至晚上 8:30，展商和游客都能享受到动漫节带来的优质服务。[1] 第九届动漫产业博览会新设"动漫＋X"产业馆，展示动漫与其他行业融合发展的产业趋势；新增动漫科技展示体验区，集中展示并让参观者互动体验动漫与科技相融合的最新成果；开辟中小学生"第二课堂"体验区，推出漫画教学、模型比赛、科技体验等活动；开设漫画阅读区块，提供电子媒介、普通文本、特殊纸质等多种阅读方式，展现新媒体环境下的漫画出版阅读新模式。

2. 中国动漫博物馆的规划与建设

　　中国动漫博物馆（以下简称"动博馆"）是杭州打造全国文化创意中心和"动漫之都"的重点项目，位于白马湖生态创意城动漫广场东侧，规划用地

---

[1]　《第五届中国国际动漫节新闻发布会》，http://art.china.cn/huodong/2009-04/28/content_2874981.htm。

27700 平方米，建筑面积 30382 平方米，总投资计划 10 亿元，于 2010 年 4 月 29 日正式破土动工。 建成之后坐落于滨江白马湖畔的动博馆，将以中国动漫发展脉络为主线，展出名人手记、名作原稿，让游客切身体验动漫游乐氛围。动博馆由荷兰 MVRDV 事务所设计，是 6 个大小不一、紧挨着的蘑菇形建筑群。 它们像是逗号，又像是鹅卵石；"蘑菇"下的水系相通，人们可以坐游船从动博馆下码头出发，穿越白马湖。① 在第七届动漫节上，动博馆的方案被公开展示，第八届动漫节举办时动博馆初步成形。 第八届动漫节上，动博馆收到了许多名家藏品及国际友人捐赠的珍贵作品，民间无数的动漫藏家和动漫爱好者也慷慨捐赠；此外，还有手绘《孙悟空献桃》国画、《大闹天宫》原画、《金猴降妖》全套创作资料、《阿凡提》画稿等共 137 批次、380 余件珍贵藏品。② 动博馆的建成开放，为公众提供更多的展示空间，公众也多了与动漫主题接触的机会。

3. 空间地域化

动漫节仅是动漫产业和旅游产业融合的一种形式，建设动漫旅游产业集群是杭州实现动漫产业和旅游产业良性融合的关键举措。 节事活动具有时段性的特征，而动漫产业和旅游产业的产业集群是能够持久吸引游客的重要吸引物。 在杭州具有动漫产业基地性质的十大创意产业园中，白马湖生态创意城是杭州市打造全国文化创意产业中心的重要基地之一，具备了动漫旅游产业集群的属性。 通过加强动漫产业和旅游产业功能区块之间的互动，建立两大产业良性互动机制，杭州市计划将其建设成为集动漫产业、旅游产业、休闲经济为一体的综合型产业集群，并充分利用动漫产业的特性、动漫明星的吸引力大力发展旅游业。

中国国际动漫节的发展不仅是杭州动漫产业发展的重要内容，而且逐步

---

① 根据百度百科资料整理，https://baike. baidu. com/item/％ E4％ B8％ AD％ E5％ 9B％BD％ E7％ 99％ BD％ E9％ A9％ AC％ E6％ B9％ 96％ E5％ 8A％ A8％ E6％ BC％ AB％ E5％8D％9A％E7％89％A9％E9％A6％86/6587141。

② 《第八届中国国际动漫节落幕》，http://www. china. com. cn/chinacity/2012-05/04/content_25305412. htm。

实现了文旅融合的地域化发展。 前三届中国国际动漫节的举办地主要在和平国际会展中心、未来世界主题公园、杭州大剧院展开，第四届至第七届以休博园（外侧展馆）为主会场，从第八届开始以白马湖为主会场（见表7-5）。 杭州将利用白马湖区域特有的自然生态环境和丰厚的人文底蕴，依托杭州高新区强劲的产业优势，将杭州白马湖建设成为以动漫为特色，集研发、生产、休闲、居住、商贸等多功能于一体的国家级文化创意产业园区。①

表 7-5　中国国际动漫节主题及活动涉及地点

动漫节	主题	活动涉及地点
第一届	"动漫之都，时尚盛会"	湖滨三公园、和平国际会展中心、青少年活动中心、未来世界主题公园、西湖景区、中国美术学院象山校区、杭州大剧院
第二届	"动漫，让生活更精彩""动漫的盛会，人民的节日"	黄龙体育馆、和平国际会展中心、浙江世贸中心、国际会议展览中心、杭州大剧院、花港海航饭店
第三届	"多彩动漫，和谐生活"	浙江省人民大会堂、和平国际会展中心、红星剧院、白马湖（开工典礼）、会展中心、青少年活动中心、杭州大剧院
第四届	"多彩动漫，品质生活"	休博园、人才市场、西溪湿地、喜来登饭店
第五届	"动情都市，漫优生活"	休博园（为主会场）
第六届	"动情都市，漫优生活"	休博园（为主会场）、白马湖、之江文化创意园
第七届	"动漫我的城市，动漫我的生活"	休博园为主会场，白马湖生态创意城、中山北路创意文化特色商业街区、之江文化创意园、浙江传媒学院、浙江大学、杭州极地海洋公园、杭州青少年活动中心、余杭农夫乐园、西溪湿地、桐庐县等地设立10个分会场
第八届	"动漫我的城市，动漫我的生活"	以白马湖为主会场，9个分会场
第九届	"动漫我的城市，动漫我的生活"	白马湖主会场和青少年活动中心等10个分会场

---

① 中南卡通白马湖主题乐园—商业办公—项目展示—浙江林松建筑设计事务所有限公司，http://www.zjlssj.com/project_show.aspx? id＝100。

动漫节	主题	活动涉及地点
第十届	"国际动漫，美丽杭州"	白马湖为主会场,中国美术学院、浙江传媒学院、中山北路创意文化特色商业街区、凤凰·创意国际、中国湿地博物馆、青少年活动中心、中南购物中心、余杭农夫乐园、桐庐县和建德市等 10 个分会场
第十一届	"国际动漫，美丽杭州"	白马湖主会场和 13 个分会场
第十二届	"更国际，更动漫"	白马湖主会场和 12 个分会场
第十三届	"国际动漫，拥抱世界"	白马湖主会场和 16 个分会场
第十四届	"国际动漫，美丽杭州"	白马湖主会场
第十五届	"中国内容，跨界传播"	白马湖主会场和 12 个分会场

（1）白马湖地块的规划设想

卡通城。 杭州市政府于动漫节发展的初期即提出将于滨江区白马湖地区建设一个"卡通城"，将"卡通城"打造成"集世界动漫之大成，中国一流，特色明显"的区块，成为杭州动漫产业的集聚地、旅游休闲的好场所、与国际接轨的大平台。 规划面积达 650 万平方米，投资估算在 200 亿元。 卡通城分为五大区块。[①]

娱乐活动区：位于卡通城北部，占地约 173 万平方米，主要围绕自然、生态的景观，赋予动漫游戏娱乐主题，融入历史和人文要素，营造出五大主题性特色娱乐活动体验园。 设有动漫主题公园、卡通系列影院、水上娱乐区等。

交流展示区：位于卡通城中部，占地约 50 万平方米，为动漫教育培训中心，可以举办动漫节、大型动漫主题创作展览、新闻发布会、产品交易会、动漫表演等活动。

研发制作区：位于山水相接处的平地及山坳之中，占地约 146 万平方米，动漫游戏的制作生产、技术研发以及衍生产品开发等在这里完成。

购物休闲区：占地约 73 万平方米，位于掩映于山水间的一处保留下来的农居，可以购买众多的动漫商品。

旅游度假区：位于卡通城中南部，占地约 213 万平方米。

---

① 根据 2008 年笔者检索杭州新闻网页资料整理得到。

卡通城项目于 2007 年第三届动漫节期间举办隆重的开工典礼，有力地推进了白马湖动漫产业基地的建设与发展。第三届中国国际动漫节活动见表7-6。

表7-6　2007 年第三届中国国际动漫节活动一览

序号	活动名称	活动时间	活动地点
1	开幕式暨动漫狂欢巡游	4 月 28 日 14:30	浙江省人民大会堂广场
2	动漫产业博览会专业观众日	4 月 28 日全天	杭州国际会展中心
3	动漫产业项目投资洽谈会	4 月 28 日 10:00	杭州国际会展中心
4	中外原创卡通形象品牌授权与加盟洽谈会	4 月 28 日 13:00	杭州国际会展中心
5	动漫产业高峰论坛开幕式	4 月 28 日 9:00	浙江省人民大会堂
6	招待晚宴并会见	4 月 28 日 17:00	浙江省人民大会堂
7	"美猴奖"原创动漫大赛颁奖典礼	4 月 28 日 20:00	杭州红星剧院
8	动漫产业博览会开幕式	4 月 29 日 8:30	杭州国际会展中心
9	卡通城项目建设开工典礼	4 月 29 日 14:00	滨江区白马湖
10	中韩动漫企业 BtoB 洽谈会	4 月 29 日 14:30	韩国代表下榻酒店
11	动漫产业项目发布会暨签约仪式	4 月 29 日 15:00	杭州国际会展中心
12	动漫企业"千人握手"大型冷餐会	4 月 29 日 17:30	西湖畔孤山大草坪
13	杭州国际皮影周	4 月 28—5 月 4 日	杭州国际会展中心三楼
14	中国国际动漫节人才交流大会	4 月 30 日—5 月 1 日	杭州国际会展中心三楼
15	"天眼杯"全国漫画大赛颁奖典礼	5 月 4 日 10:00	杭州市青少年活动中心
16	中国 cosplay 超级盛典颁奖晚会	5 月 4 日 15:00	杭州大剧院

资料来源：http://cg. zjol. com. cn/05cg/system/2007/04/18/008348436. shtml。

动漫主题公园。浙江中南集团卡通影视有限公司计划以自主知识产权的动漫版权为基础，以生态旅游为目标，结合杭州作为中国动漫之都、旅游之城的优势，致力于打造生态环境、文化创意和现代科技相融合、虚拟与现实完美融合的动漫主题乐园，发展壮大杭州的旅游业，使之成为全国动漫产业中心。①

5A 级景区。 2015 年 6 月，历时一年、经多次修改编制完成的《白马湖旅游发展总体规划》及《创意之美游线详细规划》通过专家评审，计划打造"杭州市独具特色的都市创意休闲区、宜居宜业宜游的国家 5A 级旅游区、全国生态文化创意旅游示范区"。 纵观白马湖旅游，空间布局为"一核一带"："一核"即创意旅游功能核，是白马湖旅游的核心区块，分为旅游集散中心、动漫创意区、生态创意区、乡村创意区、文化休闲区、创意产业区"一心五区"；"一带"即生活创意休闲带，以智慧生活、社区休闲为主题，包括创意生活社区和长河老街保护区两大区块，形成日游与夜娱、现代与传统互动发展的格局。②

（2）白马湖的形象推介

白马湖逐渐从幕后走向前台，中国国际动漫节期间开展了众多的形象推介。 例如于 2008 年第四届中国国际动漫节上专门设置白马湖动漫产业基地的展示（见图 7-10），详细展示未来白马湖的发展蓝图。 第八届中国国际动漫节开始，白马湖走向前台，全球征集"白马湖杯"logo 和动漫形象代言人，主会场首次"移师"杭州高新区（滨江）白马湖生态创意城。

---

① 中南卡通白马湖主题乐园—商业办公—项目展示—浙江林松建筑设计事务所有限公司，http://www.zjlssj.com/project_show.aspx？id＝100。
② 《杭白马湖旅游发展规划通过专家评审 将打造国家 5A 级旅游区》，http://zj.sina.cn/news/2015-06-03/detail-icrvvpkk7832711.d.html？from＝wap。

图 7-10　白马湖动漫产业基地规划

图片来源:2008 年动漫节笔者实地拍摄。

　　从 2005 年第一届国际动漫节开始,作为动漫节重量级活动 "金猴奖" 中的 "金猴" 即为动漫节的形象 Logo(见图 7-11)。 第三届动漫节即于白马湖举办卡通城项目开工典礼,第四届于主场馆展示白马湖设计方案。 2009 年第五届动漫节在举办动漫产业项目签约仪式的同时专门举行"白马湖日"主题活动,"白马湖日"暨产业项目签约仪式全面展示杭州市在动漫文化创意产业领域的优势和创新环境,以及中国动漫产业所取得的重大成就,①也将"白马湖"三字进一步与中国国际动漫节捆绑在一起。 而且,从白马湖走向前台开始,动漫节的 Logo 上便印有"白马湖"的字样,"白马湖"三字已与中国国际动漫节融为一体,是动漫节的形象要素之一(见图 7-12)。

---

　　① 《第五届中国国际动漫节新闻发布会》,http://art.china.cn/huodong/2009-04/28/content_2874981.htm。

图 7-11　动漫节 Logo

图片来源:百度搜索

图 7-12　历届动漫节 Logo

图片来源:百度搜索。

4. 时段延长化

动漫节的主要活动集中于"五一"假期。 面对这种情况,动漫节还安排预热、倒计时、全年段活动等内容。 例如,2009 年第五届动漫节倒计时活动包括" 新年元旦·乐乐动漫馆开播暨杭州新闻发布会""倒计时 50 天暨休博园开园仪式""倒计时 30 天暨中国 cosplay 超级盛典杭州赛区开赛"等活动。

2019 年第十五届动漫节的"天眼杯"中国（杭州）国际少儿漫画大赛于 2018 年 11 月到 2019 年 5 月进行，"优秀动漫作品评析"活动于 2018 年 12 月到 2019 年 4 月进行。 2012 年开始设有"中国国际动漫节官网"，①中国动漫节展办公室于 2012 年开始推出《动漫之都》免费交流刊物，每月 1 期，每年 12 期，②用以传播动漫节相关的信息。 随着动漫节的空间地域化发展，白马湖作为动漫节的主会场，势必成长为动漫主题的综合型旅游区。

5. 内容大众化

中国国际动漫节一直围绕"动漫的盛会，人民的节日"这一宗旨设置年度主题，动漫节与公众生活结合日益紧密。 例如第七届动漫节首次提出了"动漫我的城市，动漫我的生活"的理念，33 万张免费"第二课堂"体验券也首次发放到杭州市小学生的手中。 拿着体验券，小朋友们可以参加漫画教室、动画电影观赏等各项动漫节活动。 第十二届动漫节强调"亲民、为民、便民"的办节理念，扩大覆盖面，面向市民策划推出了一系列主题活动，让市民在家门口就能感受动漫带来的欢乐与精彩。 国际漫画展以"让漫画动起来"为理念，借助 VR、AR、体感、遥感等最新科技，动态展现来自世界各地的优秀经典漫画，共吸引了 8 万余人参观；第十二届动漫节还在下城区、西湖区、江干区、余杭区、中南卡通乐游城、青少年活动中心等地设立了 12 个分会场，营造了全城动漫的嘉年华。 其中，动漫彩车巡游活动共吸引了 14.5 万名观众驻足观看。③ 另外，从历届动漫节的主题可以看出内容大众化的特性，首届提出"动漫之都、时尚盛会"的总体定位，第二届至第十届均强调"人民""生活"，第十一届开始着眼于杭州城市的发展，可见动漫节发展过程中大众化的导向明确。

---

① 中国国际动漫节,http://www.cicaf.com/。
② 中国国际动漫节,http://dmzd.cicaf.com/index.php? tid＝3。
③ 《第十二届中国国际动漫节》,http://www.sohu.com/a/73232339_160402。

本章小结

杭州的动漫产业发展从中国国际动漫节开始驶上快车道，动漫产业和旅游产业的融合发展也从中国国际动漫节起步。 中国国际动漫节连续举办15届，动漫产业和旅游产业融合的产品逐渐增多，旅游化、地域化发展趋势明显。 动漫产业逐步由产业融合向地域融合方向转变。

第四部分 浙江省文旅地域化发展实践

地域化发展是文旅融合的高级阶段，此部分以浙江省文旅小镇的发展作为案例进行分析。

第八章 浙江省文旅小镇发展

文旅融合高级阶段即为通过创造地域 IP 和 ICON，使得游客能从感知形象上将文旅地域识别出来，最终发展的结果是形成一定空间地域内网络式的文旅地块。浙江省特色小镇的发展已成为"着眼供给侧培育小镇经济"的新实践、加快产业优化升级的新载体，成为体制创新、产城融合发展的"浙江样板"。在特色小镇基础上，文旅小镇发展快速。本章以浙江省文旅小镇的发展为例研究文旅地域化发展的过程与经验。

一、特色小镇的提出与发展

(一)特色小镇的缘起与要求

特色小镇起步于 2014 年 10 月，时任浙江省省长李强在参观完杭州云计算产业生态小镇——云栖小镇后感慨："让杭州多一个美丽的特色小镇，天上多飘几朵创新彩云。"特色小镇的概念首次被提及。 此后，浙江省开始发展特色小镇，并将特色小镇定位为浙江产业创新的重要载体之一（朱晨斓、王松、白小虎，2018）。 特色小镇不仅是地域经济发展的创新尝试，也是就地城市化的一种新形式。 2015 年 1 月，在浙江省十二届人大三次会议审议通过的《政府工作报告》中，特色小镇作为关键词被提出，其重要性被提高到新一轮更大范围的战略布局中（路建楠，2018）。 同年，浙江省发展和改革委员会正式出台《关于加快浙江特色小镇规划建设的指导意见》[①]，文件中对特色小镇的概念做了界定，对特色小镇的规范建设、创建程序、政策支持等做出了明确规定，此后金融、旅游、文化等各相关部门陆续出台相关政策。 特色小镇在浙江进入初始发展阶段。 《关于加快浙江特色小镇规划建设的指导意见》提出，特色小镇是相对独立于市区，具有明确产业定位、文化内涵、旅游和一定社区功能的发展空间平台，区别于行政区划单元和产业园区。 在产业定位方面，特色小镇聚焦高端制造、信息经济、时尚、环保、健康、金融、旅游和历史经典等支撑浙江省未来发展的八大产业，兼顾茶叶、丝绸、黄酒、中药、青瓷、木雕、石雕、文房等历史经典产业，坚持产业、文化、旅游"三位一体"和生产、生活、生态融合发展。 每个历史经典产业原则上只规划建设一个特色小镇。 根据每个特色小镇功能定位实行分类指导。

　　特色小镇的规划面积一般控制在 3 平方千米左右，建设面积一般控制在 1 平方千米左右。 所有特色小镇要建设成为 3A 级以上景区，旅游产业类特色小镇要按照 5A 级景区标准建设。 支持各地以特色小镇理念改造提升产业集聚区和各类开发区（园区）的特色产业。 在运作方式方面，坚持政府引导、企业主体、市场运作。 采取"宽进严定"的创建方式推进特色小镇规划建设。 全省重点培育和规划建设 100 个左右特色小镇。 创建程序为自愿申报、分批审核、年度考核、验收命名 4 个步骤。 政府对于特色小镇给予土地要素保障和财政支持，并建立协调机制，推进责任落实，加强动态监测。

---

① 《关于加快浙江特色小镇规划建设的指导意见》（浙政发〔2015〕8 号）。

（二）特色小镇发展进程

2015 年 6 月 4 日，第一批浙江省省级特色小镇创建名单正式公布，全省 10 个地级市的 37 个小镇被列入首批创建名单。2016 年 1 月 29 日，第二批省级特色小镇创建名单正式出炉，42 个小镇入围。2016 年 5 月 26 日，经省级特色小镇规划建设工作联席会议主任办公会议讨论研究，并报省政府同意，上城玉皇山南基金小镇、西湖云栖小镇、余杭梦想小镇、宁海智能汽车小镇、吴兴美妆小镇、秀洲光伏小镇、嘉善巧克力小镇、诸暨袜艺小镇、龙游红木小镇、龙泉青瓷小镇 10 个特色小镇被确定为省级示范特色小镇。2016 年 12 月 5 日，从召开的全省特色小镇文化建设现场会上获悉，20 个特色小镇入选浙江省首批 20 个特色小镇文化建设示范点。2016 年 7 月 1 日，住房和城乡建设部、国家发展和改革委员会、财政部联合发布通知，决定在全国范围开展特色小镇培育工作，提出到 2020 年培育 1000 个左右各具特色、富有活力的特色小镇。2016 年，经专家复核，会签国家发展改革委、财政部，认定 127 个小镇为第一批中国特色小镇，其中浙江省共有 8 个小镇入围，是全国入围数量最多的一个省。这 8 个小镇分别为杭州市桐庐县分水镇、嘉兴市桐乡市濮院镇、湖州市德清县莫干山镇、金华市东阳市横店镇、丽水市莲都区大港头镇、丽水市龙泉市上垟镇、温州市乐清市柳市镇和绍兴市诸暨市大唐镇。可见，浙江的特色小镇不仅进入到实质发展阶段，同时推动了全国特色小镇的建设。

浙江省特色小镇不是行政区划单元上的一个镇，也不是产业园区的一个区，而是按照创新、协调、绿色、开放、共享发展理念，聚焦浙江信息经济、环保、健康、旅游、时尚、金融、高端装备制造等七大新兴产业，融合产业、文化、旅游、社区功能的创新创业发展平台。浙江特色小镇是全国特色小镇建设的先锋。根据浙江特色小镇官网统计，2019 年浙江共命名特色小镇 22 个，其中杭州 8 个；创建中 110 个，培育中 62 个（见图 8-1）。从类型上来看，浙江省特色小镇分为高端装备制造、信息经济、时尚、环保、健康、金融、旅游和历史经典八大类型。已经命名的 22 个特色小镇中，高端装备制造类 4 个，数字经济类 5 个，时尚类 5 个、金融类 2 个、旅游类 5 个和历史经典类 1 个。

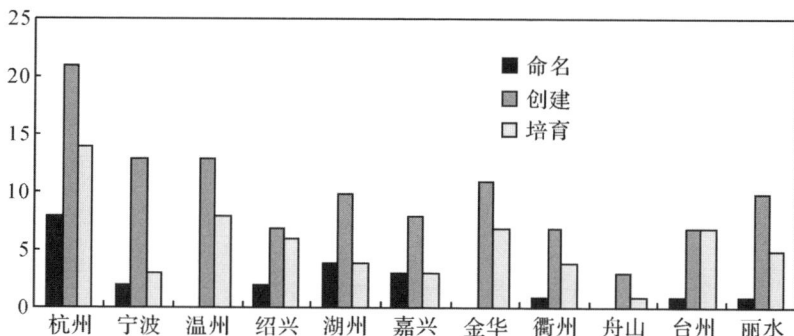

图 8-1 浙江省特色小镇(截至 2019 年 11 月)

资料来源:浙江特色小镇官网。

(三)特色小镇的建设规范

经过 10 余年的发展,浙江省在特色小镇发展方面取得了显著的成就,积累了丰富的经验,尤其是《特色小镇评定规范》和《特色小镇创建规划指南》的制定为特色小镇的规范化发展提供了有力的保障。

1.《特色小镇评定规范》

浙江省质量技术监督局于 2017 年 12 月 29 日发布,于 2018 年 1 月 29 日开始实施的《特色小镇评定规范》(浙江省地方标准 DB33/T 2089—2017)(以下简称《规范》),规定了特色小镇的术语、定义、总则、评定对象、评定程序、评定内容及评定指标体系、评定方法等内容。此《规范》用于高端装备制造信息经济、时尚、环保、健康、金融、旅游和历史经典等八类产业省级特色小镇的评定。

《规范》中指出特色小镇的建设应突出特色个性、产业核心、质量示范、改革创新、科学操作的基本原则,其评定指标为"1+X"的评定指标体系。其中"1"指的是共性指标;"X"则为特色指标,由产业"特而强"和开放性、创新特色工作指标构成。共性指标由功能"聚而合"、形态"小而美"、体制"新而活"等 3 个一级指标构成,功能指标包括社区、旅游、文化

3 项，形态指标包括生态建设和形象魅力，体制指标包括政府引导、企业主体、市场运作。"特而强"特色工作指标中又设置有产业专精发展、高端要素聚集、投入产出效益 3 个二级指标，并根据高端装备制造信息经济、时尚、环保、健康、金融、旅游和历史经典等八类特色小镇产业特点，设置三级指标。 由共性指标和特色指标的评定得分汇总，800 分以上的特色小镇创建对象能通过评定。

2.《浙江省特色小镇创建规划指南(试行)》

2018 年，为加强与规范特色小镇的规划、建设与管理，有序引导浙江省特色小镇的规划建设，根据有关法律、法规和浙江省特色小镇建设实践经验，浙江省特色小镇规划建设工作联席会议办公室印发了《浙江省特色小镇创建规划指南（试行）》（浙特镇办〔2018〕7号）（以下简称《指南》），成为全国首个针对特色小镇创建规划工作出台的专项指导性文件。 为高质量建设特色小镇提供了规划依据，形成了"规划有指南、创建有导则、考核有办法、验收有标准"的浙江特色小镇工作体系。

《指南》统筹发改委、住建厅等部门需求，保证特色小镇从规划到验收命名的一致性；从产业定位、功能布局、建设用地等内容指导时间的弹性和拓展性，强调创建规划方案的可持续性；重点突出产业定位及产业发展路径，保证产业规划与空间规划的衔接性。

根据《指南》，特色小镇创建规划在遵循"产业'特而强'，功能'聚而合'，形态'小而美'，体制'新而活'"的原则基础上被分成三大类，作为引导特色小镇"特色化"规划建设的分类基础。 第一大类为知识服务类，"以提供技术与金融服务产品为主"，主要分为信息经济小镇、时尚小镇 A（研发设计型时尚）、金融小镇三个主要类型；第二大类为实物产品类，"以提供实物产品为主"，下分环保小镇、健康小镇 A（制药和医疗器械等制造业为主）、时尚小镇 B（产品制造型）与高端装备制造小镇；第三大类为体验服务类，"以提供体验服务产品为主"，主要分为健康小镇 B（康养保健为主）、旅游小镇和历史经典小镇三个主要类型。

《指南》分总则、主要内容、组织与编制、附则等 4 章，指导性和实用性比较强，有效解决了特色小镇规划建设工作不规范、走偏路的问题，为高质量建设特色小镇提供了规划依据。 浙江在全国率先形成了"规划有指南、创建有导则、考核有办法、验收有标准"的特色小镇工作体系。

二、文旅小镇与特色小镇关联分析

浙江已经形成了示范性的特色小镇发展模式，文旅小镇在"小镇思维"的影响下快速发展，但是综观浙江发展实践，特色小镇和文旅小镇既有联系又有区别。

(一)特色小镇具备文旅小镇的功能

《指南》提出特色小镇具有"聚而合"的功能，即产业、文化、旅游和社区四种功能融合发展，与产业特色、社会经济协调发展，注重空间整合和文化传承。 可见，旅游功能作为特色小镇的主要或附属功能，这一特性使得文旅小镇和特色小镇具有相对一致性。 有资料统计，截至 2018 年，全国规划特色小镇 1500 个，预计 2020 年文旅小镇达 1200 个，在已经公布的国家级特色小镇中，文化旅游类型特色小镇占比达 62.8%。[①] 这种仅是对文旅小镇主体功能的认知，特色小镇具有泛旅游性，在本质上特色小镇与文旅小镇高度重合。2015 年浙江省首次提出的《关于加快浙江特色小镇规划建设的指导意见》明确规定，所有特色小镇要建设成为 3A 级以上景区，旅游产业类特色小镇要按照 5A 级景区标准建设。 这从本质上肯定了特色小镇和文旅小镇的内涵一致性，文旅小镇不是特色小镇的一种类型。 从本质上看，特色小镇具备旅游功能，特色小镇实质上是塑造特异性的地域文化，这种地域文化作为重要的旅游吸引要素使得特色小镇最终发展成为文旅小镇。

对于特色小镇的建设充分考虑了旅游功能。 《指南》提出，建设一个创

---

① 《全国特色小镇文旅类占六成》，http://tsxz.zjol.com.cn/xwdt/201810/t20181019_8519403.shtml。

新创业、宜居宜游、有人文魅力的特色小镇，同时规定"景区创建""小镇客厅"（见表8-1）作为特色小镇旅游功能的主要评定指标。特色小镇在发展过程中同时将镇区建设成为旅游景区，小镇客厅也是特色小镇最重要的空间节点，是集展览展示、公共服务等多种功能于一体的空间平台，是集中展示小镇产业、文化、生态等特色内容的对外窗口，应集成展览展示、商务商贸、公共管理、创新创业、信息咨询、文化娱乐、旅游综合等功能空间。

表 8-1　特色小镇的"小镇客厅"功能

小镇客厅功能		主要内容
基本功能	展览展示功能	1.展示内容：小镇概况、文化、小镇建设成果、企业介绍、规划设计、小镇产品等； 2.在展出的方式上，宜结合一定的休闲娱乐功能，突出"重互动""重体验"的特点； 3.展示馆的建设及运营中应融入互联网、云计算、大数据、物联网等智慧手段，展示小镇的特色
公共服务功能	商务商贸功能	提供商务洽谈、会议接待、特色会展及商业等服务。
	公共管理功能	1.提供小镇管理、小镇APP智慧化、政务服务等平台，为小镇的建设及运营服务； 2.为小镇内企业的相关建设及运营提供的政府行政管理服务； 3.市民服务
	创新创业功能	提供创意办公、创业支撑、技术交流、项目路演、创新创业交流等服务平台
	信息咨询功能	提供企业投资贸易信息、企业管理、人力资源信息、人才信息、职业发展、就业信息、人才中介、商务、财务、文化教育信息、健康保健等咨询服务
	文化娱乐功能	以小镇当地特色文化为核心，构建集游、学、购于一体的综合体验式服务
旅游功能	旅游综合功能	集中布局旅游接待、游客休闲、旅游集散、参观接待等服务

特色小镇是聚集特色产业，融合文化、旅游、社区等功能的创新创业发展平台。打造特色小镇是为了推进以人为核心的新型城镇化，实现乡村振兴，特色小镇经过旅游功能化即向文旅小镇转变。特色小镇最终的形式即为特色文旅小镇。其中知识服务类特色小镇、实物产品类特色小镇发展过程中文旅产业非主导产业，但是旅游功能作为一项重要功能存在，主导产业发展过程

中附加景区创建进而发展成为具有主导产业优势的文旅小镇；体验服务类文旅小镇则是以文旅产业为主导产业，其产业发展和小镇建设的目标单一，通过文旅空间地域化的强化建设发展成为特色文旅小镇（见图 8-2）。

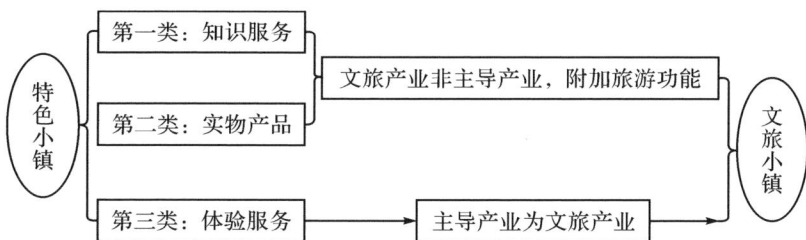

图 8-2　浙江省特色小镇向文旅小镇演变的路径

目前在浙江省已经命名的 22 个特色小镇中，高端装备制造类 4 个，数字经济类 5 个、时尚类 5 个、金融类 2 个、旅游类 5 个和历史经典类 1 个。 按照《指南》中的规定文旅小镇以旅游类和历史经典类旅游产业活动为主的 6 个，其余 16 个是具备旅游功能但旅游产业非主导产业的特色小镇（见表 8-2）。《指南》中所包含的旅游类、健康类、历史经典类提供体验服务的小镇，命名、创建和培育的共有 58 个（见表 8-3）。

表 8-2　浙江省命名特色小镇名单(2019)

类型	数量	具体名单
高端装备制造	4	江北膜幻动力小镇、长兴新能源小镇、秀洲光伏小镇、新昌智能装备小镇
数字经济	5	西湖云栖小镇、余杭梦想小镇、萧山信息港小镇、德清地理信息小镇、上虞 e 游小镇
时尚	6	余杭艺尚小镇、西湖艺创小镇、桐乡毛衫时尚小镇、诸暨袜艺小镇、海宁皮革时尚小镇
金融	2	上城玉皇山南基金小镇、鄞州四明金融小镇
旅游	5	建德航空小镇、嘉善巧克力甜蜜小镇、开化根缘小镇、莲都古堰画乡小镇、仙居神仙氧吧小镇
历史经典	1	西湖龙坞茶镇

续 表

类型	数量	具体名单
环保	0	
健康	0	

来源:浙江特色小镇官网,http://tsxz.zjol.com.cn/。

表 8-3 浙江省旅游类特色小镇名单(2019)

类型	数量		具体名单
命名	旅游	5	建德航空小镇、嘉善巧克力甜蜜小镇、开化根缘小镇、莲都古堰画乡小镇、仙居神仙氧吧小镇
	健康	0	
	历史经典	1	西湖龙坞茶镇
创建	旅游	20	上城南宋皇城小镇、淳安千岛湖乐水小镇、宁海森林温泉小镇、象山星光影视小镇、杭州湾滨海欢乐假期小镇、文成森林氧吧小镇、泰顺氡泉小镇、洞头同心旅游小镇、长兴太湖演艺小镇、吴兴世界乡村旅游小镇、柯桥酷玩小镇、杭州湾花田小镇、武义温泉小镇、龙游红木小镇、常山赏石小镇、普陀沈家门渔港小镇、朱家尖禅意小镇、天台山和合小镇、景宁畲乡小镇、云和木玩童话小镇
	健康	1	桐庐健康小镇
	历史经典	12	湖州丝绸小镇、南浔善琏湖笔小镇、绍兴黄酒小镇、嵊州越剧小镇、磐安江南药镇、东阳木雕小镇、龙泉青瓷小镇、龙泉宝剑小镇、青田石雕小镇、庆元香菇小镇、遂昌汤显祖戏曲小镇、松阳茶香小镇
培育	旅游	15	奉化时光文旅小镇、乐清雁荡山月光小镇、永嘉楠溪诗画小镇、苍南渔寮湾乐活小镇、安吉天使小镇、吴兴原乡蝴蝶小镇、长兴乡村民宿小镇、海宁潮韵小镇、海盐六旗欢乐小镇、柯桥兰亭书法小镇、浦江仙华小镇、永康赫灵方岩小镇、嵊泗十里金滩小镇、路桥游艇小镇、青田千峡小镇
	健康	3	临安颐养小镇、太湖健康蜜月小镇、三门滨海健康小镇
	历史经典	1	磐安古茶场文化小镇

资料来源:浙江特色小镇官网,http://tsxz.zjol.com.cn/。

(二)文旅小镇的范畴更宽

从内涵上看,文旅小镇比特色小镇更为宽泛。 传统旅游社区的旅游产业相对单一,经过产业化、地域化的发展过程也可实现向文旅小镇的转变。 一般认为,文旅小镇是以旅游为出发点打造的小镇。 中国文旅特色小镇是以文化旅游融合为依托,以文化基因和文化元素提炼为核心,以创意和再生设计为手段,对属地特色自然资源、人文资源、产业资源等关联性资源进行一体化深度整合后,以系统化的特色文化标识为指向而构建的文化、生态、生活、产业有机融合的生态型空间体系。[①] 这种思路源于浙江特色小镇及全国特色小镇发展的经验认知,是单一的文旅小镇概念认知,强调创意和设计。 文旅小镇有两种形成路径:一种是创意与设计,即目前的普遍概念认知;另一种则是原有旅游区不断加强产业发展,不断进行地域化 IP 建设的过程。 由此,特色小镇可以通过旅游功能化建设成为文旅小镇,旅游区产业化和地域化发展实现文旅小镇的建设(见图 8-3)。

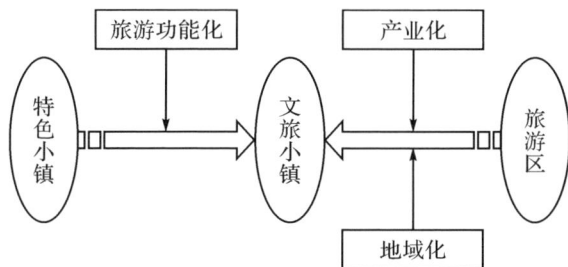

图 8-3　文旅小镇的形成

三、浙江省典型文旅特色小镇案例

浙江省已经命名的特色小镇中文旅类小镇有 6 个,本节主要介绍浙江省

---

① 《文旅小镇概念火热,得 IP 者得天下》,http://www.sohu.com/a/260307574_760537。

这 6 个文旅小镇。

(一)建德航空小镇①

1. 航空小镇概况

素有浙西名镇之称的建德寿昌古镇,实现了从横山钢铁厂到航空小镇的转变。 横山钢铁厂是建德航空小镇的前身,于 1960 年 4 月 4 日正式奠基兴建。 2003 年,曾经辉煌一时的横钢宣告破产。 2006 年 3 月,建德千岛湖通用机场建设完工,并于同年获得经华东民航局验收颁发的机场许可证,成为浙江省首家取得 A 类民用机场许可证的通用机场,为这个曾经辉煌的古镇重新插上了起飞的翅膀。 2015 年,寿昌古镇开始兴建航空小镇。 目前,航空小镇拥有高度 1200 米以下、面积 4500 平方千米的华东地区最大的空域,是集飞机组装制造、维修、培训、航空旅游及航空体育赛事于一体的特色航空小镇,也是目前浙江唯一一个以通用航空产业为主题的特色小镇。 航空小镇地处"两江一湖"黄金旅游线,以基本覆盖在机场空域之下的国家 5A 级旅游景区千岛湖为核心,和周边新安江玉温泉、古楠木森林、灵栖洞、江南悬空寺、新叶古民居、新安江大坝等知名景点一起,共同组成通用航空中旅游景观圈。 小镇也被列入国家第一批低空旅游示范区、国家第一批航空飞行营地示范工程、国家青年信用小镇和全国第二批特色小镇,并成为国家 4A 级旅游景区,还拥有 9 条空中游览线路。 游客们可乘坐直升机,360 度全景俯瞰由 3 个国家 4A 级旅游景区、1 个国家 5A 级旅游景区及多个景点组合而成的空中景观圈,感受飞行带来的乐趣。

2. 航空小镇旅游产品

航空小镇主要旅游产品围绕"水""陆""空"设置,以航空产业为依托全方位开发旅游产品。 水方面围绕温泉旅游产品开发,典型的有原名为建德玉温泉的航空小镇温泉,泉眼发现于 1986 年,2012 年正式对外开放,是浙江

---

① 此部分根据建德航空小镇官网(http://www.aviationtown.cn/)资料整理。

的老牌温泉之一，泉水源自地心1406米，水质天然纯正，是浙江首个高品质的纯天然硫温泉；陆方面主要为航空小镇汽车公园，位于建德经济开发区（航空小镇内，规划总占地面积28万平方米，项目分三期打造，由建德富林山汽车文化传播有限公司投资开发建设。项目依据汽车文化、休闲旅游、综合配套三大体系规划，以市场需求为导向，以生态为本、文化为魂，融合科技创新，打造集汽车赛事、休闲娱乐、文化创意等于一体的、贴近大众需求的多功能汽车主题公园；空方面主要发展空中旅游产品，小镇借助2014年杭州被列入国家12个1000米以下空域管理改革试点之一的机遇，主打空中旅游，开发"打飞的"的旅游模式，游客可以乘坐飞机进行空中游览；小镇开发高空跳伞旅游项目，成为华东地区首个高空跳伞基地。

（二）嘉善巧克力甜蜜小镇①

位于嘉善大云镇的歌斐颂巧克力小镇（斯麦乐巧克力乐园），被称为浙江"最甜蜜的小镇"，是由斯麦乐集团投资打造的省级重点项目，是国内首家集巧克力生产、研发、展示、体验、休闲度假于一体的巧克力工业旅游与主题乐园相结合的特色旅游产品。小镇将巧克力等特色商品的销售、观光、体验、休闲娱乐融为一体，打造精致的、极具特色的风情街区，致力于打造集工业旅游、文化创意、浪漫风情于一体的体验式小镇。

整个小镇以"异域文化（国外巧克力文化）＋婚庆文化（婚庆产业/摄影/策划等）＋养生文化（温泉/健康）＋乡村文化（农耕文化/扇文化）"为设计理念，以甜蜜为主题，以浪漫为元素，围绕巧克力、婚庆、农庄、花海、水乡、温泉六大元素，采取"工业＋旅游""文化＋旅游""休闲＋旅游""农业＋旅游"四种模式推动发展。

---

① 根据网络资料及项目简介（http://www.askci.com/xmal/20190909/1105001152509.shtml）整理。

（三）开化根缘小镇[①]

根缘小镇位于开化县城乡接合部，重点建设根宫佛国周边的环形区域——东至桃坑溪，南至桃下线，西至高坑坞村，北至桃溪村。规划面积 3.78 平方千米，建设面积 1.12 平方千米。这是一个以"根艺为特色、旅游为主导"的小镇，以"根雕""盆景""奇石""古建""佛教""民俗"为六大旅游产品板块，现已建成世界唯一的根艺文化主题景区，也是目前国内规模最大、工艺水平最高、以根雕艺术为主题的文化旅游景区，观光、度假、休闲、生态、趣味、研学等各色旅游产品丰富，酒店、民宿、餐饮、购物、娱乐、运动等各类旅游设施完善，"吃、住、行、游、购、娱"各要素在小镇配套齐全，并与多家国内外知名旅游企业、旅行社、旅游景区签约合作。

小镇立足浙江历史经典产业——开化根雕的传承和发展，紧扣"根雕＋文化＋旅游"，全力打造集全国根雕之大成的根艺之城，走出了一条根雕文化与旅游产业互融共进的发展之路。"世界根雕看中国、中国根雕看开化"，开化根缘小镇是衢州地区首家国家 5A 级旅游景区，是世界唯一的根艺主题公园，享有"今天的精品、明天的文物、后天的遗产""世界文化新遗产"的美誉。2016 年 12 月中国工艺美术协会根雕专业委员会成立并落户于此。小镇已获评国家文化产业示范基地、国家生态文明教育基地、省优质旅游经典景区、省重点文化产业园区、"中国首选旅游目的地""2017 年度省级良好小镇""2018 浙江旅游总评榜年度文旅融合示范景区""2019 年'一带一路'文旅领军品牌""中国最佳品质旅游景区奖"、中国雕塑院根雕创作实践基地、第 76 届威尼斯电影节聚焦中国·最美外景地等荣誉。2018 年，小镇实现主营业务收入 17.85 亿元，接待游客 180.87 万人次。

---

① 根据官网资料（http://www.khgyxz.com/）及相关网页（http://tsxz.zjol.com.cn/xwdt/201906/t20190627_10425343.shtml）整理。

(四)莲都古堰画乡小镇①

莲都古堰画乡小镇位于丽水市莲都区碧湖镇和大港头镇境内,距离丽水市区 24 千米,小镇总面积 15.53 平方千米,核心区面积为 3.91 平方千米。一条瓯江贯穿全境,使其拥有了丰富的水生态资源。 小镇的原生态自然景观保存完好,每年都会有 20 多万人前来写生。 在此基础上小镇还诞生了"丽水巴比松"画派,成为中国"丽水巴比松"画派的发祥地。 该镇还有人类农耕水利文明活化石、世界灌溉工程遗产之一的通济堰。 凭借优越的生态及文化资源,该镇艺术旅游产业融合成效显著,围绕三镇合一的理念,"旅、艺、创"融合发展的思路,以景美、民富、镇强、兴业为目标打造文化艺术型产业特色小镇。 2015 年古堰画乡入选浙江省首批特色小镇创建名单,2016 年其核心区所在的大港头镇被列入国家级特色小镇,获得"最美乡愁艺术小镇""首批中国乡村旅游创客示范基地""国家 AAAA 级景区"等称号。

油画产业是古堰画乡的特色依托产业,涵盖了从油画教育,到创作、展览、交易、交流、工具生产及旅游配套产品生产销售的全产业链。 小镇具有油画创业基地、油画展示展览基地、油画交易基地、油画写生基地和中国写生基地等。 基于油画产业范围的限制,古堰画乡还从油画扩展到了艺术领域,结合民间艺术、音乐艺术、摄影艺术等,设置了民间艺术工坊、摄影展览馆等场馆。 大节庆大活动方面,画乡主要围绕国际摄影大赛和乡村音乐节方面做出了高品质项目尝试。

古堰画乡的旅游产业也是其主要产业类型,是瓯江生态景区创建 5A 级旅游景区的核心创建区,更是画乡经济发展核心支撑产业。 在旅游业的发展模式上,古堰画乡的发展目标是抓住度假休闲市场,因而画乡推行的是"景镇合一"的模式,即整个小镇就是一个开放型休闲度假景区。 紧扣"乡愁与艺术"主题,以养生度假、湿地观光、文化体验为主导,引入高端养生度假设施与活动,培育文化休闲产业链,意在将古堰画乡小镇打造成为长三角地区综

---

① 根据浙江特色小镇官网(http://tsxz.zjol.com.cn/)、其他网络资料(http://www.sohu.com/a/243039888_100203917 等)整理。

合型旅游目的地和休闲养生旅游度假中心。 小镇通过对农耕水利文化的挖掘和传承、油画产业链的服务化延伸、原乡生态环境的保护和利用，构建了古堰文化体验、艺术文化休闲度假与原乡生态休闲三大旅游产品体系。

(五)仙居神仙氧吧小镇①

神仙氧吧小镇位于仙居县中部旅游板块白塔镇境内，是首批正式命名的旅游类省级特色小镇，也是目前台州市首个正式命名的浙江省特色小镇。 地处神仙居省级旅游度假区的核心地带，是通往神仙居、景星岩、淡竹等主景区的门户，总规划面积3.8平方千米，其中核心区1平方千米。 小镇依托自身资源优势，以绿色生态为主题，打造绿色生态品牌，把氧吧小镇建成以山水田园、滩林溪流、古村古镇为基底，包含旅游度假、健康养生、文化创意、宜居宜游等功能的国内知名小镇，并最终打造成国际旅游养生目的地、充满活力的生态产业高地以及全国知名的美丽乡村样板，成为仙居打造国际旅游目的地和旅游产业转型升级的大平台。

神仙氧吧小镇以健康旅游休闲产业为主导，已落成项目包括神仙居SPA养生度假基地、丰安生物健康疗养中心、德信文化主题乐园、神仙居悦城、希尔顿度假酒店等。 同时，神仙氧吧小镇还引进了世界先进的康体美容、高端养生、健康检测等技术成果和文化休闲业态。

(六)西湖龙坞茶镇②

龙坞茶镇位于杭州市西湖区转塘镇上城埭村，历史悠久，早在宋末元初时已经盛产茶叶，被誉为"千年茶镇""万担茶乡"。 区域内有茶园9.33平方千米，是西湖龙井茶最大产区。 龙坞茶镇环境得天独厚。 区域内森林葱

① 根据网络资料整理（http://www. zjshenxianju. com/jqzx/767. jhtml，https://baijiahao. baidu. com/s? id＝1636579202035920646&wfr＝spider&for＝pc，http://tsxz. zjol. com. cn/ycnews/201708/t20170830 _ 4902226. shtml，http://www. askci. com/xmal/20190717/1411451149881. shtml）。

② 根据相关网站资料整理（http://www. longwucz. cn/index. html，https://baijiahao. baidu. com/s? id＝1635393185778974755&wfr＝spider&for＝pc）。

郁、山水环绕、茶山连绵，森林覆盖率 96.7%，负氧离子浓度常年维持在每立方厘米 4000 个左右，是距离主城区最近的"天然氧吧"。 小镇以种植西湖龙井为主，西湖龙井连续 5 年荣获中国茶叶区域公用品牌价值第一名，2008 年西湖龙井制作技艺被列入国家非物质文化遗产名录，2016 年西湖龙井茶被列入 G20 杭州峰会指定用茶之一。 龙坞茶镇的规划面积 3 平方千米，以原龙坞镇所在地葛衙庄社区为中心，辐射龙坞地区慈母桥等其他 10 个村社。 凭借得天独厚的优势，龙坞茶镇大力发展"茶＋旅游"，积极探索并培育包括乡村旅游、文化创意、运动休闲、养生健身等在内的第三产业，发展"茶＋运动""茶＋养老""茶＋旅游""茶＋创客区"等产业。 龙坞茶镇以"龙井茶文化产业"为主导，集乡村旅游与民俗体验、文创产业及文化商业、运动休闲产业、养生健身产业于一体，努力成为全国最大的西湖龙井茶集散地和最具茶文化竞争力的特色小镇。 小镇将目标定为打造 5A 级旅游景区标准的中国第一茶镇。 通过 3—5 年的努力，把龙坞茶镇建设成为全国"茶产业、茶文化、茶生活"的集聚创新平台和高端民宿、集团总部的集聚区，成为杭州西湖、西溪湿地之后杭州的又一"金名片"。 小镇旨在打造"波尔多式的江南小镇"、最美中国小镇、最佳人居小镇，打造一个风景优美、底蕴深厚、国际知名的茶乡特色小镇。 2017 年龙坞茶镇被评为中国最受欢迎十大金牌茶旅路线之一。 2018 年，"龙坞茶镇茶乡之旅"成功入选全国 20 条茶乡旅游精品线路，小镇目前已成为浙江省乃至全国具有重要影响力的茶文化特色小镇。

四、浙江旅游风情小镇的认定与发展

浙江省政府于 2016 年正式提出创建旅游风情小镇，并印发了《浙江省旅游风情小镇创建工作实施办法》（浙政办发〔2016〕144 号），明确提出通过 5 年左右的时间，在全省验收命名 100 个左右民俗民风淳厚、生态环境优美、旅游业态丰富的省级旅游风情小镇。 这批小镇也将成为全国首批旅游风情小镇，对推进浙江及全国乡村旅游产业转型升级充满探索意义。 旅游风情小镇创建目的在于吸引游客，做大做强旅游产业，实现既保护传承地方文明，又繁荣一方经济。 通过旅游风情小镇的创建，保护利用浙江省众多小镇的原始文化风貌，创新旅游新业态，完善旅游新功能，将所有旅游特色小镇都建成 3A级以上旅游景区，使之成为全省旅游产业新的聚集点，加快推进旅游产业改革创新和提档升级。 据此，浙江省旅游局研究制订了《浙江省旅游风情小镇认定办法》（浙旅产业〔2017〕84 号）和实施细则，重点围绕自然风景、建筑风貌、节庆风俗、特产风物、餐饮风味、人物风采等小镇自然和历史人文资源，结合公共服务配套和综合保障等内容开展风情小镇的培育和认定工作。旅游风情小镇是指那些具有独特的民俗文化资源，丰富的旅游产品业态，完整的旅游公共服务，完善的旅游管理体制，良好的生态环境基础，制订促进旅游发展的计划，旅游安全、资源保护、服务质量良好的乡、镇、街道。 核心内容是设置必备条件，主要包括：风情要素，具备体现当地独特文化与自然、民俗、文物资源，独特的地方风土人情和民俗风貌资源，独特的淳厚民俗文化资源；旅游要素，具备能满足不同旅游者的住宿设施、旅游休闲体验场所、丰富多彩的旅游活动和特色鲜明的旅游商品等旅游业态；服务要素，具有游客咨询服务、公共交通服务、智慧旅游服务、旅游慢行系统、公共休憩区域等旅游公共服务设施；环境要素，历史人文环境保存完整，自然环境保护有序，生活污水和垃圾集中处理，镇区保洁工作完善。①

2018 年初浙江省政府公布全省首批旅游风情小镇名单，共有 14 家单位入选，分别是嘉兴嘉善县西塘镇、衢州江山市廿八都镇、绍兴柯桥区安昌镇、嘉兴桐乡市乌镇镇、宁波象山县石浦镇、宁波宁海县前童镇、杭州余杭区塘栖镇、温州泰顺县泗溪镇、湖州南浔区南浔镇、湖州德清县莫干山镇、金华兰溪市诸葛镇、金华义乌市佛堂镇、杭州淳安县姜家镇和丽水龙泉市竹垟畲族乡。② 2019 年 2 月发布《关于命名第二批浙江省旅游风情小镇的通知》，共有 28 个乡（镇、街道）入选，分别为杭州的萧山区河上镇、富阳区龙门镇、建德市乾潭镇，宁波的奉化区溪口镇、余姚市大岚镇、慈溪市鸣鹤古镇，温州

---

① 参见《浙江省人民政府办公厅关于旅游风情小镇创建工作的指导意见》（浙政办发〔2016〕144 号）。

② 《浙江旅游新名片！首批旅游风情小镇是这么选出来的》，https://baijiahao.baidu.com/s? id=1590394997104370202&wfr=spider&for=pc。

的永嘉县岩头镇、泰顺县竹里畲族乡、苍南县矾山镇，湖州的长兴县小浦镇、安吉县鄣吴镇，嘉兴的嘉善县大云镇、海宁市黄湾镇，绍兴的诸暨市山下湖镇、嵊州市金庭镇、新昌县东茗乡，金华的浦江县郑宅镇、磐安县尖山镇，衢州的衢江区黄坛口乡、常山县何家乡，舟山的普陀区桃花镇、嵊泗县五龙乡，台州的温岭市石塘镇、天台县石梁镇、三门县蛇蟠乡，丽水的龙泉市宝溪乡、遂昌县王村口镇、松阳县西屏街道。

五、浙江省文旅小镇发展的经验

浙江省在全国率先发展特色小镇的基础上，建设旅游风情小镇，"小镇模式"促进了文旅产业的进一步融合发展。其创新发展经验体现在制度保障、文化挖掘、机制运作等方面。

(一)政策创新与制度保障

2014年《国家新型城镇化规划》出台后，全国各地掀起了一轮城镇化建设热潮，特色小镇如雨后春笋般涌现，其中文化作为特色小镇的核心，文化小镇的建设成为当下重要工作之一（张环宙、吴茂英，2018）。在文旅小镇的建设方面，早在2015年4月，浙江省就领先于全国出台了特色小镇建设的规划指导文件，此后相关部门又陆续出台相关政策。2016年浙江省文化厅出台的《浙江省文化厅关于加快推进特色小镇文化建设的若干意见》进一步提升了特色小镇的文化建设。2017年浙江省又第一个出台了中国特色小镇建设的规范标准《规范》，到2018年浙江省特色小镇建设工作会议办公室印发了全国首个针对特色小镇创建出台的专项规划《指南》。除此之外，自浙江省政府启动特色小镇建设行动以来，浙江各地级市也纷纷响应政府的号召，出台相关支持性政策。至此，浙江省已经形成了一套规范全面的创新政策体系（见表8-4），为文旅小镇的规划发展提供了有力保障。

表8-4 浙江省特色小镇相关政策汇总

发布日期	文件名称	发布部门
2015 年 4 月	《关于加快特色小镇规划建设的指导意见》（浙政发〔2015〕8 号）	浙江省人民政府
2015 年 6 月	《关于推进电子商务特色小镇创建工作的通知》（浙电商办〔2015〕6 号）	浙江省电子商务工作领导小组
2015 年 7 月	《关于发挥职能作用支持省级特色小镇加快建设的若干意见》（浙工商企〔2015〕8 号）	浙江省工商局
2015 年 9 月	《关于加快推进特色小镇建设规划工作的指导意见》（浙建规〔2015〕83 号）	浙江省住房和城乡建设厅
2015 年 9 月	《关于开展特色小镇规划建设统计检测工作的通知》（浙特镇办〔2015〕7 号）	浙江省特色小镇规划建设工作联席会议办公室
2015 年 10 月	《浙江省特色小镇创建导则》（浙特镇办〔2015〕9 号）	浙江省特色小镇规划建设工作联席会议办公室
2015 年 10 月	《关于金融支持浙江省特色小镇建设的指导意见》（杭银发〔2015〕207 号）	中国人民银行杭州支行；浙江省特色小镇规划建设工作联席会议办公室
2015 年 12 月	《浙江省特色小镇建成旅游景区的指导意见》（浙旅政法〔2015〕216 号）	浙江省旅游局；浙江省发展和改革委员会
2016 年 3 月	《关于高质量加快推进特色小镇建设的通知》（浙政办发〔2016〕30 号）	浙江省人民政府
2016 年 5 月	《浙江省科学技术厅关于发挥科技创新作用推进浙江特色小镇建设的意见》（浙科发高〔2016〕90 号）	浙江省科学技术厅
2016 年 6 月	《浙江省文化厅关于加快推进特色小镇文化建设的若干意见》（浙政发〔2016〕7 号）	浙江省文化厅
2016 年 8 月	《关于发挥质量技术基础作用服务特色小镇建设的意见》（浙质联发〔2016〕11 号）	浙江省质量技术监督局；浙江省发展和改革委员会
2016 年 11 月	《关于旅游风情小镇创建工作的指导意见》（浙政办发〔2016〕144 号）	浙江省人民政府
2017 年 7 月	《浙江省特色小镇验收命名办法》（浙特镇办〔2017〕16 号）	浙江省发展和改革委员会

续　表

发布日期	文件名称	发布部门
2017 年 12 月	《特色小镇评定规范》(DB33/T 2089-2017)	浙江省质量技术监督局
2018 年 4 月	《浙江省特色小镇创建规划指南》(浙特镇办〔2018〕7 号)	浙江省特色小镇规划建设工作联席会议办公室

资料来源:根据收集资料整理。

小镇模式的建设和发展形成了有力的制度保障。 在创建方面采用"宽进严定，优胜劣汰"的模式，按照自愿申报—分批审核—年度考核—验收认定的基本步骤，分批确立创建对象，在创建过程中优胜劣汰，3 年后验收命名，实现了小镇建设的竞争入队，形成"落后者出，优胜者进"的动态管理体制;政府对验收合格的小镇实施期权激励，对如期完成年度规划目标任务的，按实际使用指标的 50％给予相关配套奖励，极大地调动了相关企业的积极性(闫文秀、张倩，2017)。 同时采取追惩制，浙江省于 2016 年建立特色小镇统计检测指标体系，坚持实绩为王、优胜劣汰，采取一季一通报、一季一现场会、一年一考核、不定期约谈的方式对建立的小镇进行考核(李明超、钱冲，2018)。 对未在规定时间内达到规划目标任务的，实施土地指标倒扣以及降格降级等处罚措施，以促使特色小镇紧盯目标，主动创建。 在相关政策方面，浙江省通过在规划、管理、考核与评价领域的政策出台，构建了较为系统的政策体系，为小镇的建设保驾护航。 从浙江省的成功经验来看，文旅小镇的发展首先需要政府的支持与引领。 一方面，政府应在实践中不断探索和创新制度供给，如优化财政政策和土地要素政策等，给予一定的优惠扶持以倡导、吸引相关企业等主体加入小镇的建设;另一方面，政府需要完善相关政策体系，使得文化小镇的建设落实有保障。

(二)以"文"为基,做好"文"章

特色小镇在建设中一方面要选择其中一个产业或产业的一个部分作为主攻方向，培育发展特色文化产业，实行错位竞争，而不是千镇一面、同质化竞争(成岳冲，2017);另一方面要突出核心产业的引领作用，充分发挥文化资源的优化聚集效应和产业聚集功能以延长产业链，增强文化产业竞争力和区

域带动力（闫文秀、张倩，2017）。 文旅小镇作为特色小镇中的主要类型之一，文化是小镇的旅游吸引核心，其建设更是需要基于当地的自然禀赋要素、历史遗产资源、名人文化资源等特色文化资源，提炼真正体现小镇独特风貌和特点的文化元素，打造真正体现当地特色的文旅产业。

浙江省在文旅小镇的建设过程中，"文"得到了充分体现，以"文"的产生途径可将文旅小镇的建设分为两种类型。 一是传统文化产业依托型，通过本地传统文化产业类型的升级推动传统文化产业的新发展，如依托茶叶、丝绸、中药、木雕、青瓷等传统文化产业形成了龙坞茶镇、湖州丝绸小镇、磐安江南药镇、龙游红木小镇、龙泉青瓷小镇等。 这种发展一般为"X＋旅游"的形式，其中"X"为本地传统文化产业，既传承了工艺文化精髓，又推进了当地的特色产业发展。 以龙坞茶镇为例。 茶文化产业作为龙坞的核心产业，是小镇产业发展的基石。 龙坞小镇首先以优化茶叶种植为首要任务，在此基础上对茶文化进行深度探讨，挖掘茶叶附加值，最后大力发展"茶＋第三产业"，如"茶＋旅游"方面发展茶文化展览馆、茶乡慢生活等；"茶＋艺术"方面，因其毗邻中国美院象山校区具有浓厚的艺术氛围，加上其景色优美的茶园，可以吸引大量艺术家们来此开办工作室，实现茶文化与艺术文化的完美融合；在"茶＋运动"方面，利用独特的山林水溪地貌举办"千人茶园骑游"活动等，全面提升运动产业的发展（莫洲瑾、王丹，2017）。 二是创意文化产业依托型，借助影视、小说、动漫文化创新文化业态，结合市场发展趋势与自身资源优势打造新型文化小镇。 如浙江省凭借影视文化打造了新桥影视旅游小镇、象山半岛星光影视小镇等，这些小镇都产生了独特的文化吸引力。 浙江象山星光影视小镇，影视文化产业的迅速发展，成为该地文化产业领域中的热点趋势，浙江省以象山影视城的影视文化资源为基础打造"电影＋影视城"的产品开发模式，建设象山星光影视小镇，形成影视与旅游的产业链（方琳，2017）。 创意文化产业依托型也包括外来文化根植型，即采取差异定位的方式将外来文化根植于地方文化产业之中，发展文旅产业。 只要在一定区域内部具有独特性，即能形成地域 ICON，受到游客认可。

(三)多方参与,机制运行

特色小镇建设是在政府政策引导下的建设活动,需要企业、社会等多方主体的共同支持和参与,在建设过程中政府的核心作用并不在于资源的倾斜性配置,而在于引导、规范和服务,这对于在全国范围内推广特色小镇建设具有重要的意义(李明超、钱冲,2018)。 首先,浙江省在建设特色小镇的过程中实施"政府引导、企业主导、市场化运作"的运行机制,利用优惠政策积极吸引各类企业尤其是龙头企业的参与,以引入有实力的投资建设为主体,让专业的人干专业的事;其次,政府不干涉企业运营,给予企业独立运作空间以充分发挥企业的独立性与创造性,坚持市场化导向,激发小镇居民、社区等各方社会力量参与小镇建设的积极性,浙江省龙游红木小镇、浙江省云栖小镇等均是企业主导建设的典范(闫文秀、张倩,2017)。 特色小镇中文旅类小镇同样是龙头企业的引入和发展带动地区发展的模式,如巧克力小镇、航空小镇的发展过程。

目前,我国文旅小镇的发展模式主要以政府引导、企业主导和政企合作三种为主。 基于浙江省的成功案例,特色小镇的建设应坚持以政府为引导、以市场为主体、社会共同参与的运行机制(李明超、钱冲,2018)。 文旅小镇的发展也是文化产业和旅游产业的融合发展,同样需要政府引导和产业龙头企业的强势培育。 做大做强产业、培育有竞争力的文旅企业是文旅小镇发展的有力保障。

(四)多产业融合,地域发展

浙江省的特色小镇是相对独立于市区(一般位于城乡接合部,具有交通、信息、物流相对便利的条件),以生态、生产、生活"三生融合",工业化、信息化、城镇化"三化驱动",产业、文化、旅游"三位一体"为建设理念的新型空间组织形式(成岳冲,2017)。 其中文旅小镇的建设是以文化为内核打造集"产、城、人、文"于一体的综合性发展平台,除具有基本的文化和旅游功能之外,产业也是文旅小镇发展的一大核心功能。 如余杭区的艺尚小镇,小镇定位为"产、城、人、文"融合发展的时尚艺术特色小镇，以时尚文化产业为核心，以时尚产业、服装产业和珠宝配饰产业为主导，并且大力发展旅游业，建成杭州服装文化博物馆、展示馆、国际秀场、艺术街区等，让游客深度体验时尚与文化的特色结合。 此外，艺尚小镇还打造时尚秀、文化节等精彩纷呈的主题活动吸引各类游客前来参与，展现时尚旅游、体验小镇的魅力。

特色小镇及其延伸出的"小镇经济"模式即实现"旅游＋"或"＋旅游"的发展模式。 旅游经济活动的高度关联性，使得其与其他产业之间具有极强的融合性，融合型产品即具有地域产业特性的旅游吸引物。 产业融合是产业转型升级的必然趋势，通过产业的融合带动小镇地域的整体发展。 文旅小镇作为文旅融合发展下的典型产物，文化和旅游是文旅小镇建设的两大基础产业，但其发展不能局限于"文化＋旅游"。 文化产业作为一种综合性、渗透性、关联性高的产业更需要与其他产业融合发展，从而使文化价值、理念等向相关产业渗透（宗慧敏，2017）。 且旅游业跨越不同产业、市场和空间，具有与其他产业深度融合的潜力。 因此文旅小镇的发展应以文化和旅游为核心，以餐饮、贸易、康养、体育等产业为辅助，多产业融合共生，发展"文化＋旅游＋"模式，结合文旅小镇自然、区位、地理空间等打造综合性旅游体验空间，塑造多样化的文化旅游形态。

本章小结

2015 年，浙江省大力推进特色小镇建设工程。 经过几年的实践已经取得了初步的成效。 浙江省特色小镇建设走在全国前沿，其中有五成以上是文旅小镇的建设，其成功模式值得在全国进行推广。

本章回顾了浙江省文旅小镇的发展历程，从政策、文化、机制、产业四个方面剖析浙江省文旅小镇建设的成功经验，为文旅地域化的进一步发展提供借鉴。

参考文献

[1] BOB M, PAMELA S Y H, HILARY DC. Attributes of popular cultural attractions in Hong Kong [J]. Annals of Tourism Research, 2004,31（2）:393-407.

[2] MOORHOUSE, H F. The Planning and Evaluation of Hallmark Events [J]. Urban Studies, 1991, 28（5）:822-825.

[3] GETZ D. Event Management & Event Tourism [M]. New York: Cognizant Communication Corporation, 1997.

[4] RICHARDS G. The scope and significance of cultural tourism [M]. //RICHARDS G. Cultural tourism in Europe. UK, Oxon: CAB International,1996:19-46.

[5] GRAHAM B. Movie-induced tourism: The challenge of measurement and other issues [J]. Journal of Vacation Marketing, 2001, 7(4): 315-332.

[6] HYOUNGGON K. Motion Picture Impacts On Destination Images [J]. Annals of Tourism Research, 2003, 30(1):216-237.

[7] JADRAN A. Immovable cultural monuments and tourism [M]// ICOMOS. Cultural Tourism Session Notes XII Assembly. Mexico, 1999: 103-118.

[8] NICHOLA T. Seeing is believing: the effect of film on visitor numbers screened locations [J]. Tourism Management, 1996, 17（2）: 87-94.

[9] PETER S. Cinematographic images of a city: Alternative heritage tourism in Manchester [J]. Tourism Management, 1996, 17（5）: 333-340.

［10］Riley R W， Doren C S v. Movies as tourism promotion ［J］. Tourism Management， 1992, 13（3）:267-274.

［11］ROGER W R. Movie-induced tourism ［J］. Annals of Tourism Research, 1998, 25（4）: 919-935.

［12］TIGHE, ANTHONY J. The arts/tourism partnership ［J］. Journal of Travel Research, 1986, 24（3）:2-5.

［13］TYLOR. The Origins of Culture［M］. New York: Harper and Row, 1958.

［14］VICTOR T C, MIDDLETON. Tourism Marketing［M］. London, 1988.

［15］霍克海默，阿道尔诺.启蒙辩证法［M］.上海：上海人民出版社，2003.

［16］保继刚.旅游地理学［M］.北京：高等教育出版社，2013.

［17］保继刚，徐红罡，戴光全.“告别三峡游”的影响及理论解释［J］.地理研究，2002, 21（5）: 608-616.

［18］曾小华.文化、制度与制度文化［J］.中共浙江省委党校学报，2001（2）: 30-36.

［19］陈向明.质的研究方法与社会科学研究［M］.北京：教育科学出版社，2000.

［20］陈又星.动漫产业链的发展模式［J］.经济与管理，2008（5）: 31-32.

［21］成岳冲.发掘优秀文化资源，创建现代特色小镇［J］.行政管理改革，2017（12）: 44-47.

［22］戴光全，保继刚.西方事件及事件旅游研究的概念、内容、方法与启发（上）［J］.旅游学刊，2003, 18（5）: 26-34.

［23］戴光全，梁春鼎.基于网络文本内容分析的重大时间意义研究：以2011西安世界园艺博览会为例［J］.旅游学刊，2012, 27（10）: 36-45.

［24］戴光全，张洁，孙欢.节事活动新常态［J］.旅游学刊，2015, 30（1）: 3-5.

［25］戴生岐，戴岩.交通文化刍论［J］.长安大学学报（社会科学版），

2010，12（3）：24-33.

［26］丁松虎.口语文化、书面文化与电子文化［M］.上海：上海人民出版社，2017.

［27］窦群.区域旅游产业定位的理论困惑及其影响［J］.旅游学刊，2001，16（1）：9-11.

［28］范建华，李林江.文旅融合趋势下的旅游产业高质量发展思考——以广西北海涠洲岛为例［J］.南宁师范大学学报（哲学社会科学版），2020，41（1）：119-125.

［29］方琳.星光影视小镇的"修炼"手记［J］.宁波通信，2017（Z2）：81-82.

［30］龚邵方.制约我国文化旅游产业发展的三大因素及对策［J］.郑州大学学报（哲学社会科学版），2008，41（6）：67-69.

［31］郭来喜，吴必虎，刘锋，等.中国旅游资源分类系统与类型评价［J］.地理学报，2000，55（3）：294-301.

［32］郭莲.文化的定义与综述［J］.中共中央党校学报，2002，6（1）：115-118.

［33］郭齐勇.文化学概论［M］.武汉：武汉大学出版社，2014.

［34］韩翔宇.中日动漫产业对比分析——从产业链的角度［J］.河南科技（上半月），2008（4）：7-8.

［35］侯建军，乔荣生.文化产业的消费特征分析［J］.商场现代化，2005，000（34）：293-294.

［36］胡梦楠.论中国饮食文化的传播与认同——以纪录片《舌尖上的中国》为例［D］.郑州：郑州大学，2014.

［37］蒋建辉.中国服饰文化的伦理审视［D］.长沙：湖南师范大学，2015.

［38］李冬，陈红兵.文化产业的基本特征及发展动力［J］.东北大学学报（社会科学版），2005，7（2）：91-93.

［39］李芳.现代企业文化导论［M］.南京：南京出版社，2006.

［40］李海平.浙江茶文化旅游开发对策研究［J］.特区经济，2008（2）：55-57.

［41］李楷.对动漫产业链的再思考［J］.中国电视，2007，000（11）：
　　　63-66.

［42］李明超，钱冲.特色小镇发展模式何以成功:浙江经验解读［J］.中共
　　　杭州市委党校学报，2018（1）：31-37.

［43］李茜，徐春燕.浅论西安旅游文化产业政策的制定［J］.商洛学院学
　　　报，2009，23（3）:63-66.

［44］李天元.旅游学（第二版）［M］.北京：高等教育出版社，2006.

［45］李天元.旅游学［M］.北京：高等教育出版社，2002.

［46］李天元.旅游学概论（第五版）［M］.天津：南开大学出版社，2003.

［47］林南枝.旅游经济学［M］.天津：南开大学出版社，2000.

［48］刘滨谊，刘琴.中国影视旅游发展的现状及趋势［J］.旅游学刊，
　　　2004，19（6）:77-81.

［49］刘淼.行为文化与观念文化对日本留学生汉语学习中的影响及其教学策
　　　略［D］.长春：吉林大学，2013.

［50］刘歆，刘玉梅，白全贵.文化旅游产业：走好文化创意之路［N］.河南
　　　日报，2007-09-12.

［51］廖静.影视旅游视阈下城市形象的传播:以广西桂林为例［J］.新闻研
　　　究导刊，2019（5）：12-15.

［52］路建楠.国际化大都市推进特色小镇的实践探索——以上海为例［J］.
　　　上海城市管理，2018，27（01）:36-40.

［53］莫洲瑾，王丹，曲劼.历史经典型特色小镇的产业联动发展之路——以
　　　西湖区龙坞茶镇为例［J］.华中建筑，2017，35（6）:84-90.

［54］欧阳友权.文化产业概论［M］.长沙：湖南人民出版社，2007.

［55］潘丽丽.影视拍摄对外景地旅游发展的影响分析——以浙江新昌、横店
　　　为例［J］.经济地理，2005，25（6）:928-932.

［56］彭民安.论促进动漫产业集群化发展的地方政府治理模式——基于上
　　　海、杭州、长沙的比较研究［J］.中国广播电视学刊，2007（004）：
　　　9-11.

［57］钱穆.文化学大义［M］.北京：九州出版社，2012.

［58］ 秦云.居住文化的人文价值评估及营造［D］.上海：华东师范大学，2004.

［59］ 日下公人.新文化产业论［M］.北京：东方出版社，1989.

［60］ 荣跃明.文化产业：形态演变、产业特征和时代特征［J］.社会科学，2005（9）：176-186.

［61］ 桑彬彬.旅游产业和文化产业融合的理论与实证［D］.昆明：云南大学，2012.

［62］ 桑业明.论交通文化的本质［J］.长安大学学报（社会科学版），2010，12（1）：24-28.

［63］ 邵金萍.再论文化旅游产业的特征作用及发展对策［J］.福建论坛，2011（8）：29-32.

［64］ 邵琪伟.中国旅游大辞典［M］.上海：上海辞书出版社，2012.

［65］ 孙安民.文化产业理论与发展［M］.北京：北京出版社，2005.

［66］ 孙是炎.论文化产业［J］.嘉兴学院学报，2001，13（4）：58-63.

［67］ 孙毅.动漫产业资源整合［J］.大连海事大学学报（社会科学版），2007，6（6）：108-111.

［68］ 谭玲，殷俊.动漫产业［M］.成都：四川大学出版社，2006.

［69］ 唐德淼.“特色小镇”定位与产业融合发展研究［J］.中国商论，2017（27）：137-139.

［70］ 田浩.文化心理学的双重内涵［J］.心理科学进展，2006，14（5）：795-800.

［71］ 童庆炳.文学理论要略［M］.北京：人民文学出版社，2001.

［72］ 汪碧刚.中西居住文化背景下的街区制比较研究［J］.经济社会体制比较，2016（5）：136-144.

［73］ 王大悟，魏小安.新编旅游经济学（修订版）［M］.上海：上海人民出版社，2000.

［74］ 王恩涌.人文地理学［M］.北京：高等教育出版社，2000.

［75］ 王威孚，朱磊.关于对“文化”定义的综述［J］.江淮论坛，2006（2）：190-192.

［76］ 王晓鹏.文化学概要［M］.福州：福建人民出版社，2016.

［77］ 王玉玲，冯学钢，王晓.论影视旅游及其"资源—产品"转化［J］.华东经济管理，2006，20（7）：23-26.

［78］ 吴丽云，侯晓丽.影视旅游者旅游动机研究——铁岭龙泉山庄旅游者实证分析［J］.人文地理，2006，21（2）：24-27.

［79］ 吴普，葛全胜，席建超，等.影视旅游形成、发展机制研究——以山西乔家大院为例［J］，旅游学刊，2007，22（7）：52-57.

［80］ 谢彦君.基础旅游学［M］.大连：东北财经大学出版社，2004.

［81］ 谢彦君.旅游体验的情境模型：旅游场［J］.财经问题研究，2005（12）：64-69.

［82］ 熊正贤.文旅融合的特征分析与实践路径研究——以重庆涪陵为例［J］.长江师范学院学报，2017，33（6）：38-45.

［83］ 许春晓，胡婷.文化旅游资源分类赋权价值评估模型与实测［J］.旅游科学，2017，31（1）：44-56.

［84］ 闫文秀，张倩.浙江省传统经典产业特色小镇的建设发展与经验借鉴［J］.上海城市管理，2017，26（6）：55-60.

［85］ 杨建超，杨小芳.我国动漫产业的发展现状与相应改进对策——基于对"动漫之都"杭州市的调研［J］.商场现代化，2008（011）：259-261.

［86］ 杨绪忠，张玉玲，刘冶.文化产业的基本特征［J］.辽宁经济统计，2005（9）：30-31.

［87］ 杨雪松.宁安市文化旅游产业发展研究［D］.哈尔滨：哈尔滨师范大学，2015.

［88］ 张宏梅，赵忠仲.文化旅游产业概论［M］.合肥：中国科学技术大学出版社，2015.

［89］ 张环宙，吴茂英，沈旭炜.特色小镇：旅游业的浙江经验及其启示［J］.武汉大学学报（哲学社会科学版），2018，71（4）：178-184.

［90］ 张宪荣，季华妹，张萱.符号学Ⅰ——文化符号学［M］.北京：北京理工大学出版社，2013.

［91］张英.论对外汉语文化教学［J］.汉语学习，1994（5）：46-50.

［92］赵荣光.中国饮食文化概论［M］.北京：高等教育出版社，2008.

［93］赵绪生.传统文化与时代精神［M］.西安：陕西师范大学出版社，2015.

［94］钟娟芳.特色小镇与全域旅游融合发展探讨［J］.开放导报，2017（2）:54-58.

［95］周晶.电影外景地的旅游吸引力［J］.陕西师范大学学报（自然科学版），1999（27）：143-146.

［96］周旭霞.杭州动漫产业融合的基础和动力［J］.华东经济管理，2006，20（1）：69-72.

［97］朱晨斓，王松，白小虎.马克思主义社会有机体视阈下的特色小镇研究——关于浙江特色小镇的实地调研［J］.城市学刊，2018，39（1）：26-34.

［98］朱佳.旅游产业与文化产业融合环境中的政府角色定位分析——以上海市为例［D］.上海：上海师范大学，2012.

［99］宗慧敏.浅谈特色小镇的特色文化发展［J］.中共太原市委党校学报，2017（6）:29-31.

［100］邹赞.论斯图亚特·霍尔对文化研究的理论贡献［D］.乌鲁木齐：新疆大学，2008.

［101］埃米尔·迪尔凯姆.社会学方法的规则［M］.胡伟，译.北京：华夏出版社，1999.

［102］L. A. 怀特.文化的科学［M］.沈原，等译. 济南：山东人民出版社，1988.

［103］马林诺夫斯基.文化论［M］.费孝通，译.北京：中国民间文艺出版社，1987.